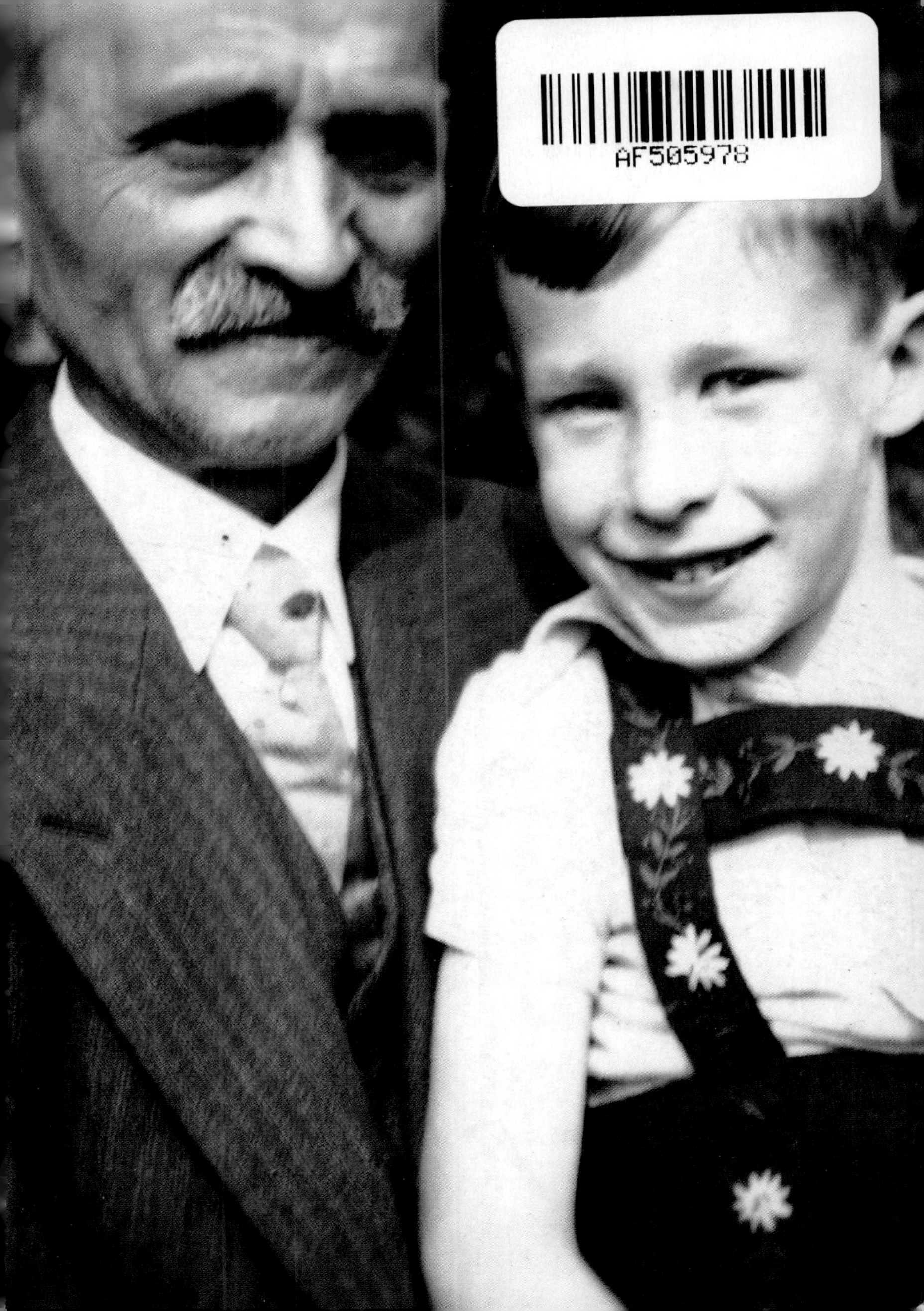
AF505978

Editado por La Fábrica
con la colaboración de Obra Social Caja Madrid

Biblioteca de Fotógrafos Españoles

Alberto Schommer

PHoto**Bolsillo**

50

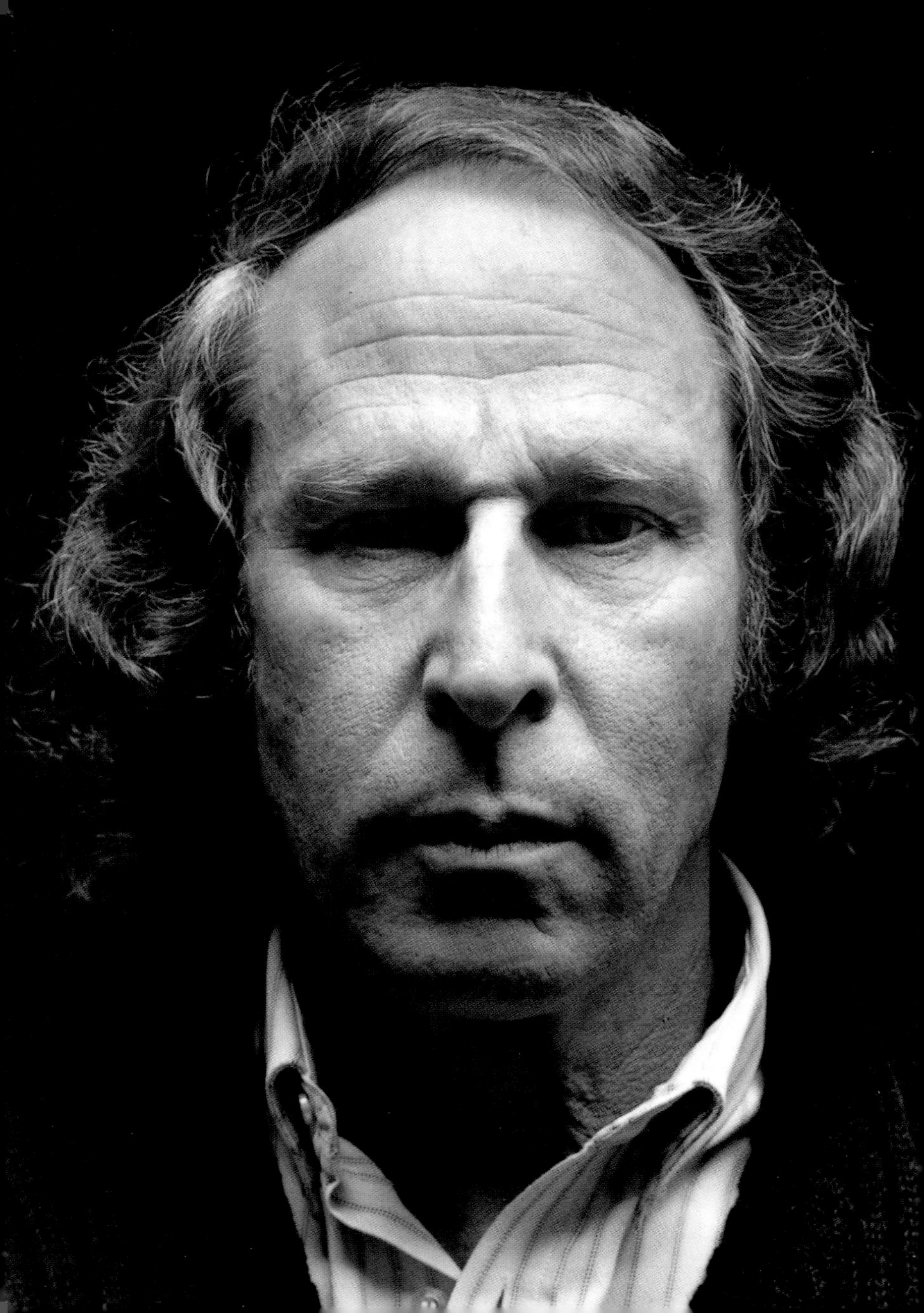

Alberto Schommer
El poema de la visión

Por Vicente Verdú

Alberto Schommer. Autorretrato

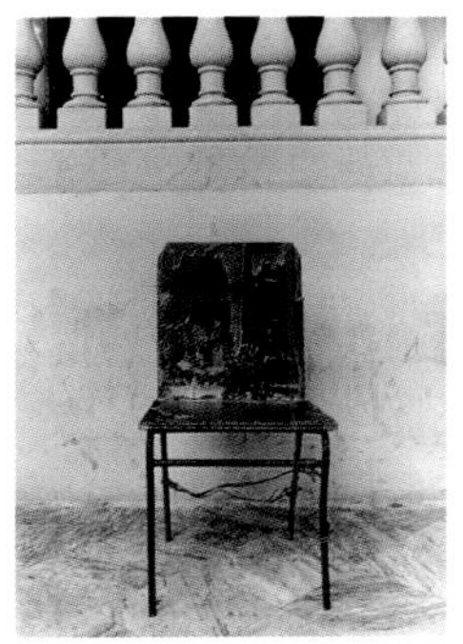

La Habana, 1994

Si Alberto Schommer no hubiera sido un fotógrafo habría sido un escritor. Y más concretamente un escritor de versos. Lo curioso, sin embargo, es que observando atentamente su obra, no ha perdido la oportunidad de ser ni una cosa ni la otra sino que se ha inventado una excelente combinación fotopoética. Nadie que ponga atención sobre una fotografía de Shommer aceptará que a las fotos se las confundiera con «instantáneas». Esta bien que se produzcan tras un «clic» y broten como un ensalmo. Está bien que se diga que la revelación de la película aprehende un instante de la vida y convierte su presente en una asombrosa captación. Todo esto es verdad para referirse a la técnica fotográfica en general y, en particular, al milagro que supuso su invención para apresar el tiempo. Sin embargo, ahora, con artistas como Schommer la cámara no detiene el tiempo sino que lo desata. No lo congela sino que lo lanza hacia una aventura cordial. O, de otra manera: cada vez que el objetivo de Schommer se cierra se abre simultáneamente una gran historia, una larga meditación, un ancho campo para la imaginación sin término.

Este es el sentido de la creación. El artista que no crea sólo construye. El fotógrafo que no es artista sólo plasma una visión. El buen fotógrafo revela y el gran fotógrafo, más allá de la revelación, transporta la intención cognitiva a campos de curiosidad imprevistos. De otra parte, tal es la justa función del poeta. Los versos de un buen poema brotan como una revelación pero acto seguido es necesario concederle un intervalo para la meditación, una pista de reposo para que se expandan y nos conduzcan.

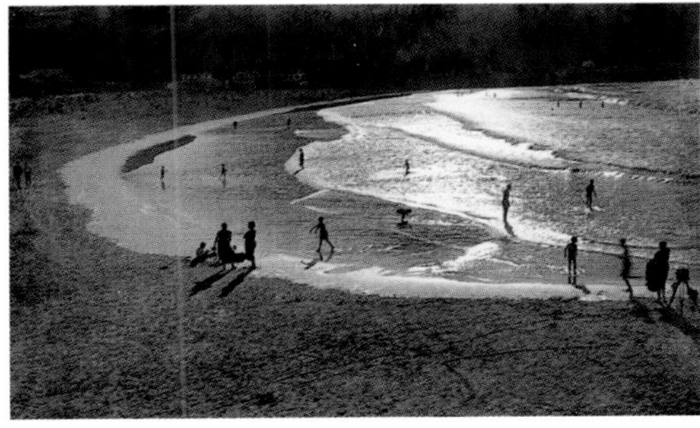

Sin título, 1955

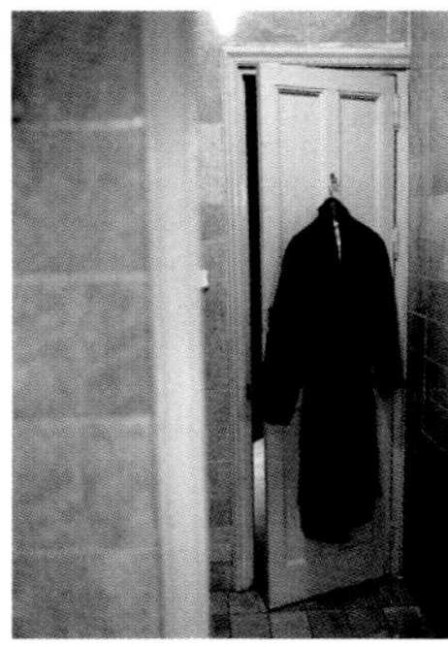

El Viaje, 1994

Todo ello, un poeta lo logra a través de dos factores: con trabajo y porque sí. Es indispensable trabajar, poner la mayor concentración, azuzar la perspicacia para penetrar en las fisuras del conocimiento. El saber de una materia se encuentra al alcance de casi todos pero el conocimiento no. Hay que trabajar finamente para llegar a sus filones y una vez allí poseer el tino necesario para poder extraer lo esencial. Localizar el conocimiento es ya una labor ardua y reservada a los poetas sean escritores, cantantes o fotógrafos. Pero ¿cómo extraerlo sin estropearlo y encima hacerlo ver? ¿Cómo actuar para captarlo y poderlo después comunicar? Eso sólo se logra porque sí. Porque Dios quiere.

Si Schommer es un gran explorador de lo que a simple vista no se ve, es además un extraordinario comunicador de sus pesquisas. Y eso porque Dios quiere. Lo que Schommer logra descubrir nunca lo guarda para sí avaramente. Aleixandre decía que el poeta que decidiera escribir para sí mismo moriría por falta de destino. Schommer no sólo esta vivo y es un incorregible vitalista sino que aspira a vivificarlo todo. Al contrario del artista que se suicida por falta de destino, Schommer siempre está pensando en una meta, está cavilando sobre el espectador a seducir, en el efecto público que busca provocar.

El arte de la provocación de Schommer en algunas de sus series avalan este deseo de comunicación total y el anhelo indispensable en el artista por hallar un interpelador. Schommer habla con los elementos a fotografíar y enseguida les confiere un habla para que en adelante no cesen de dialogar con el receptor una vez revelado el negativo y lograda la facundia de su festiva nitidez.

Por esto las obras de Schommer, de una u otra forma, con uno u otro formato, son creaciones elocuentes. Siempre están diciendo algo, no cesan de bracear y hablar. Son como historias y no sólo instantáneas y son relatos, poemas, literatura, más que puras impregnaciones de la visión. De hecho, si Schommer hubiera empleado únicamente la vista para la fotografía habríamos perdido una dimensión muy característica y una buena parte de su vistosidad. Schommer escucha a quien hará el retrato antes de decidir. Lo mira sí, pero a la vez lo asume. Lo observa sí, pero a la vez lo merodea. La foto de las personas de Schommer reproducen

este contacto sensual con el sujeto o también, cuando
llega el caso, con el mismo objeto. Más que capturar el
conocimiento con la mente Schommer pone en acción
sus sentidos y es por ello que su obra posee emoción.

No importa el tiempo que pase por sus realizacio-
nes. La amorosa compota en la se que convierten sus
fotografías desprende aromas y pasiones como si nadie
a quien Schommer fotografiara fuera a morir. Hay fotógrafos, efectivamente, que matan tan pronto disparan.
Hay ciertamente fotos que nacen como documentos de
difuntos. Lo que ocurre con las colecciones de Schommer es puntualmente lo contrario. Su almacén de cli-
chés está bullendo se seres vivos, parlantes, palpitan-
tes, porque el efecto de la fotografía les ha lanzado
hacia arriba y no hacia abajo. Les ha impulsado hacia la
perdurabilidad y no hacia la tumba.

La razón radica en la manera en que ha obtenido el
conocimiento del sujeto o del objeto. Cuando el artista
encara la obra puede muy bien errar desenfocando el
tratamiento escogido. Un novelista, un poeta, un pintor
o un fotógrafo que desenfocan, aberran la imagen pero
además, lo que es más grave, su sentido crucial. Dar
con el punto de vista exacto requiere, efectivamente,
apuntar bien. Pero luego es necesario que la acometi-
da se efectúe con la precisión y delicadeza necesarias
para no malversar o estropear el objeto al que se dis-
para. En ese ejercicio hay que contar, qué duda cabe,
con una sensibilidad especial. Extraer el alma de las

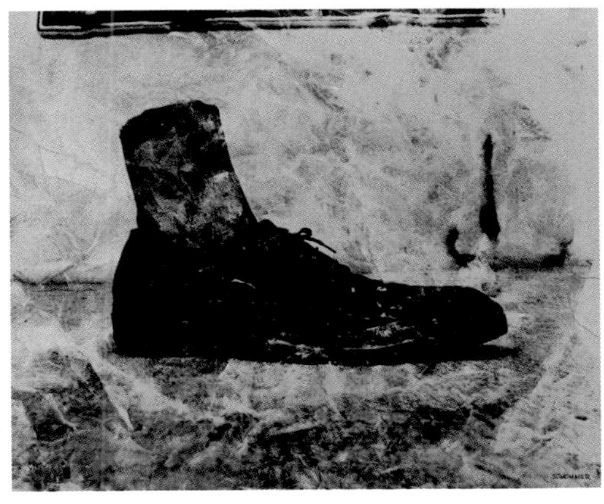

Bodegón, 1974

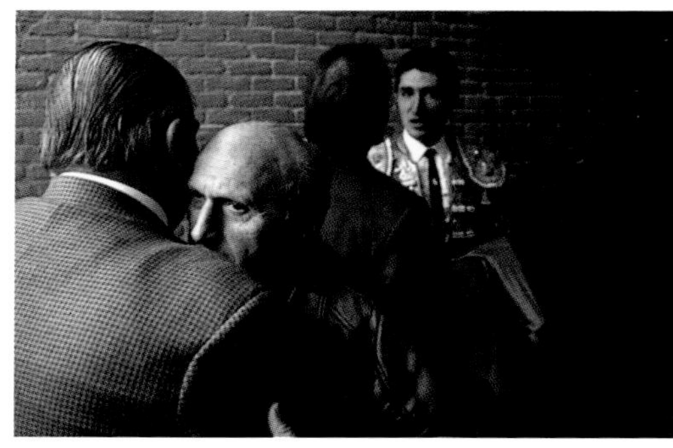

cosas es la máxima operación de la cirugía creadora. Lograr el alma de las cosas sin matarlas, sin secarlas, lograr que la captación no sea un expolio sino un robo romántico es el ideal del artista. Porque hacerse con el corazón de alguien, enamorándolo, no es privarle del corazón sino por el contrario vivificarlo. Hacerse con el espíritu de lo fotografiado sin hacerlo fallecer es fertilizarlo. De ahí que tantas gentes, tantos lugares, tantas ciudades, árboles o monumentos alcanzaran una doble vida con la intervención de Schommer. Ningun elemento es igual tras el paso por le cámara de Schommer porque todos aumentan en relevancia y muchos alzados a una categoría simbólica. De esta práctica el artista es el primero en quedar turbado, superado por su tentativa y hasta enajenado de su resultado. Prueba de que la obra ha adquirido su vida privada y el artista ha acertado a favorecerla.

Schommer, finalmente, hace algo más. No sólo los personajes o los paisajes reciben una vida interior propia sino que tienden además a actuar. Y esta es la segunda aportación de su inconfundible fotografía. Nadie se queda quieto o enmarcado en una placa de Schommer. Nadie, ni las esculturas, ni las piedras, se encuentran objetivadas. El objetivo de Schommer es un subjetivador. Metamorfosea lo que encuadra en una narración, convierte la escena de una persona en una biografía hacia delante y hacia atrás, eleva un gesto a la dimensión de un poema. Este señor de la foto mira esquivamente pero tras esa mirada se hilvana un proceso y, en el proceso, este señor con gafas almuerza, gana dinero, pelea con la esposa, va a los toros, hace un viaje, escucha flamenco, tiene una amante y sufre algún ataque al corazón.

La obra de Schommer es toda una vida. Toda la vida que él ha entregado al arte, por supuesto, pero también adicional. Con sus fotos Schommer ha producido una segunda colectividad humana, con sus ciudades, sus parques, sus bailes, sus gobernantes, sus obispos, sus niños y sus fantasmas. Un universo, en fin, que siempre quedará como el testimonio de un artista que al trabajar confería a su obra incontables dosis de amor y de poesía e interminables maneras de verla y de contarla.

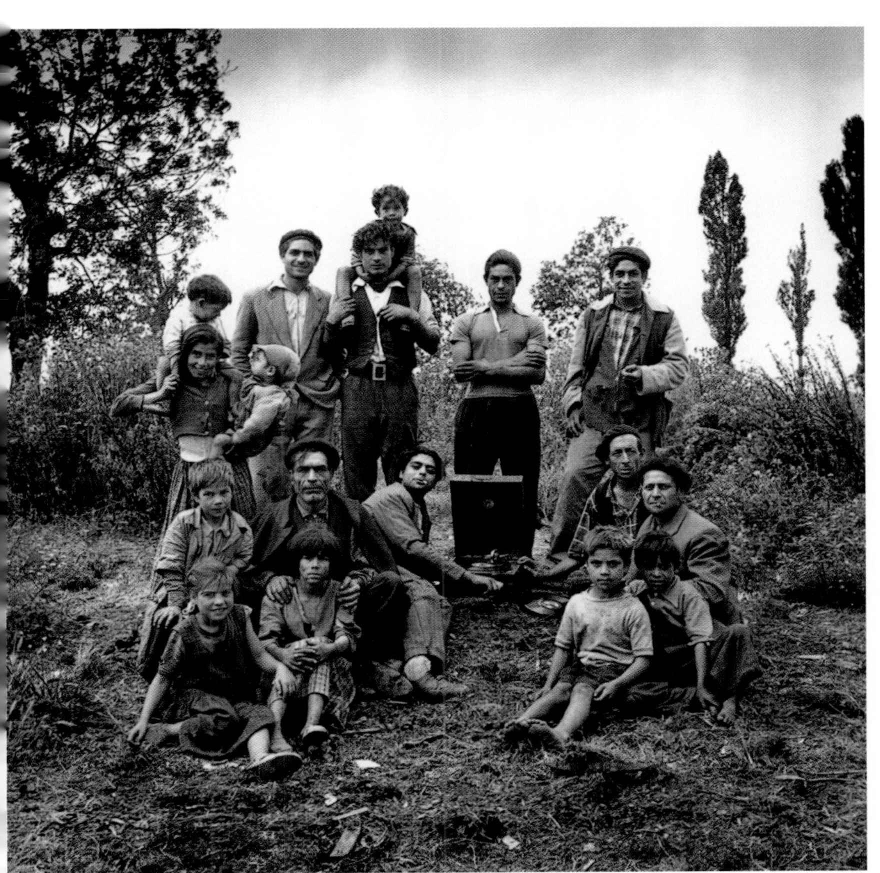

01. Sin título, 1955

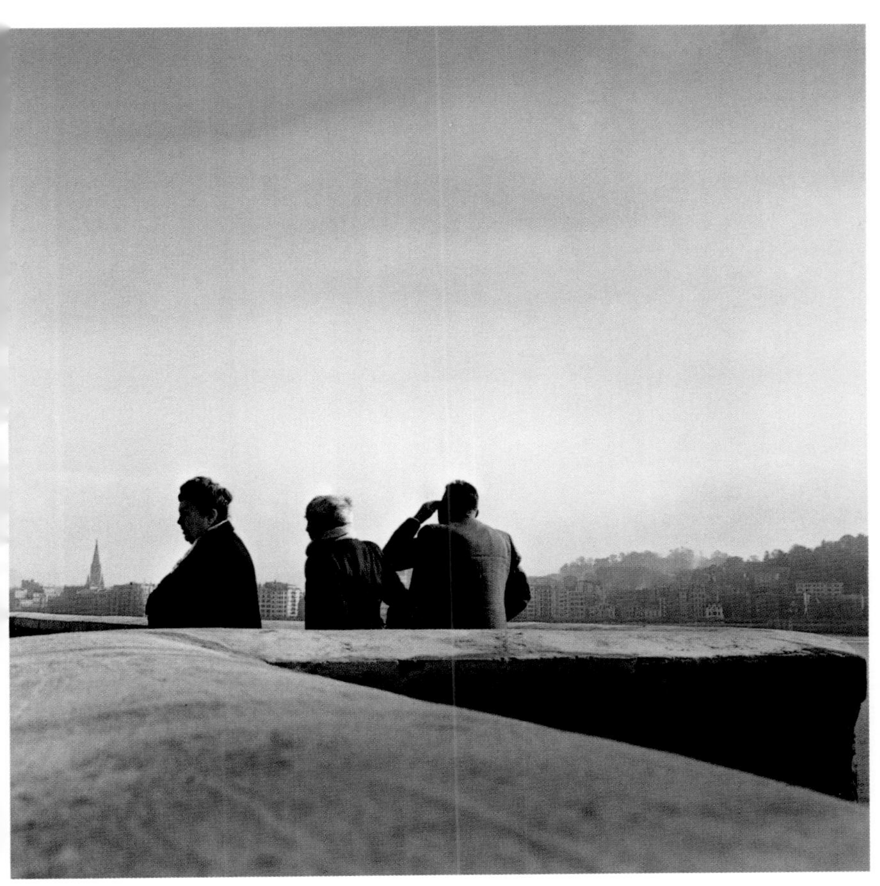

02. Sin título, 1956

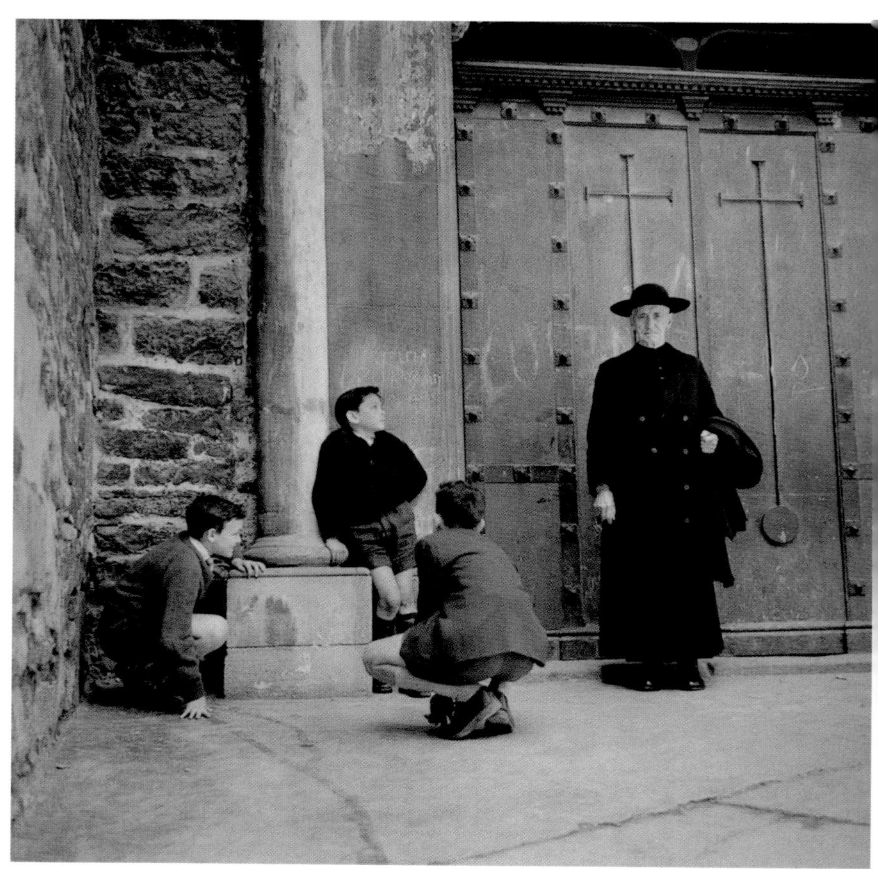

03. Vitoria, 1955

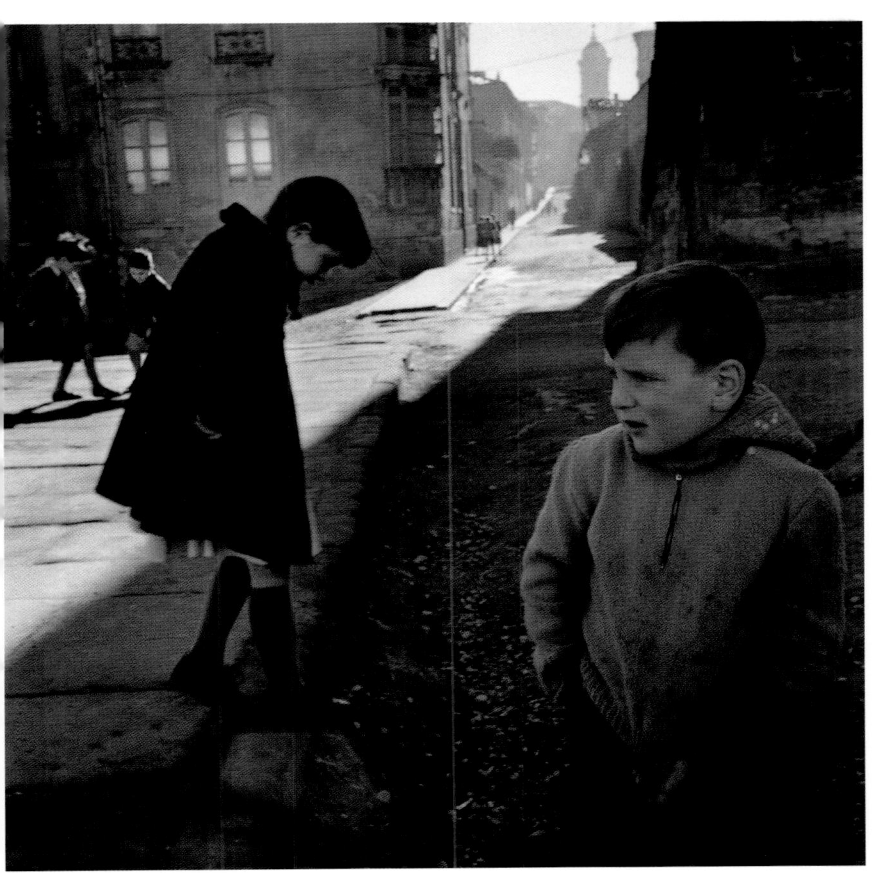

04. Niños. Vitoria, 1955

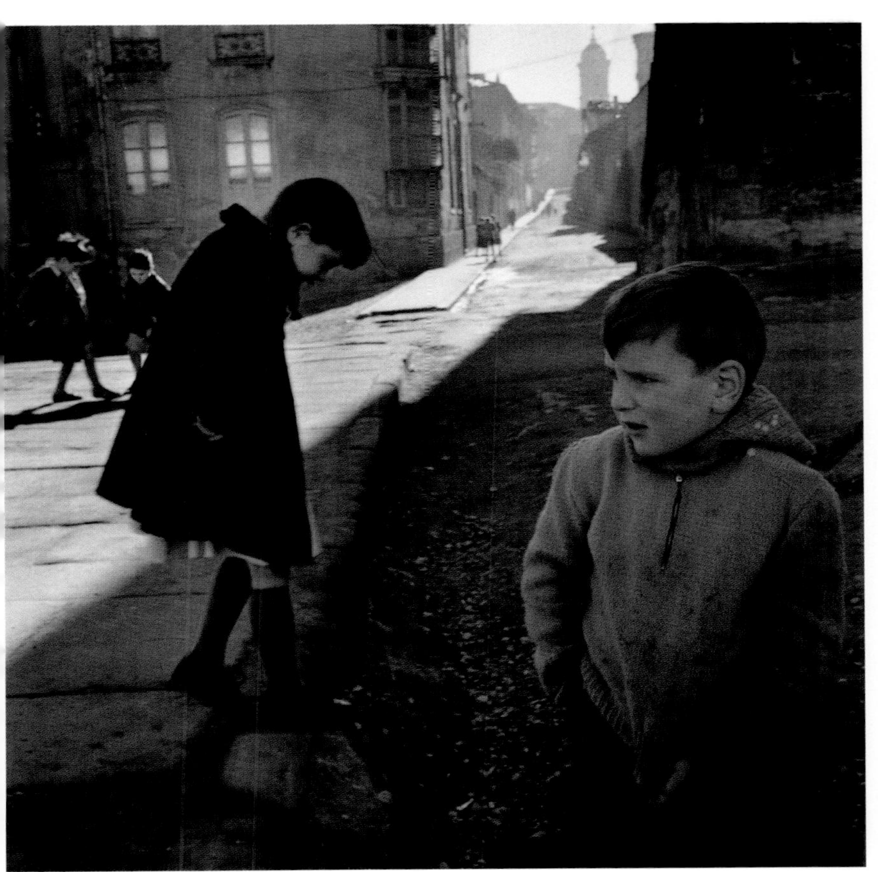

04. Niños. Vitoria, 1955

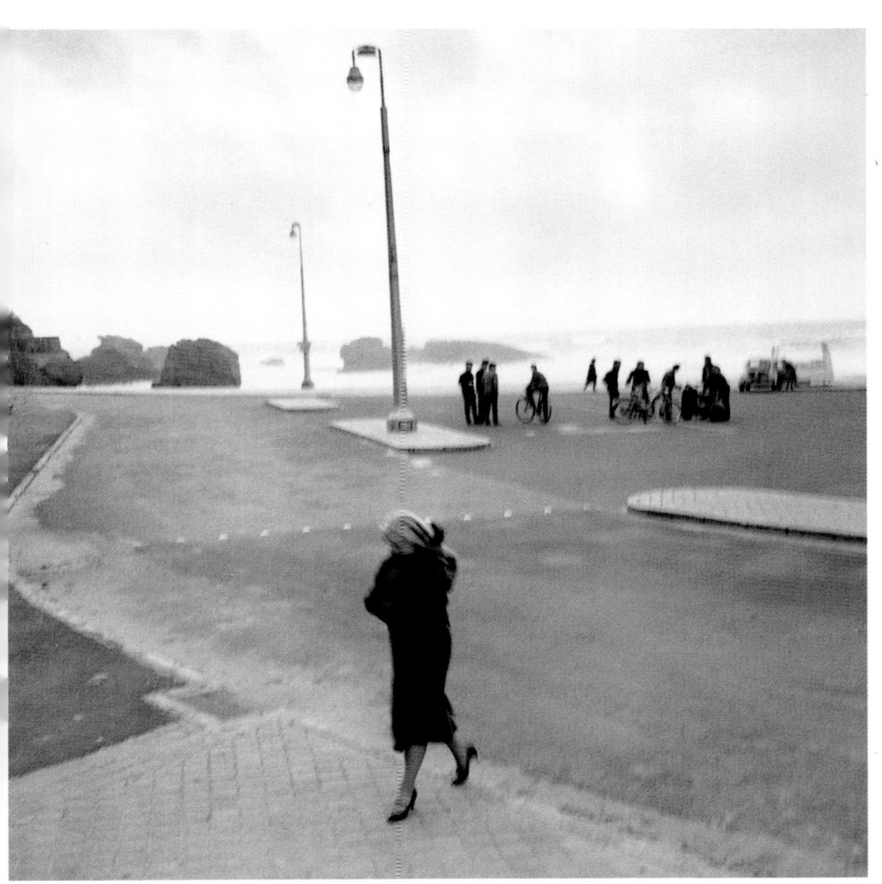

05. Coquetería. Biarritz, 1957

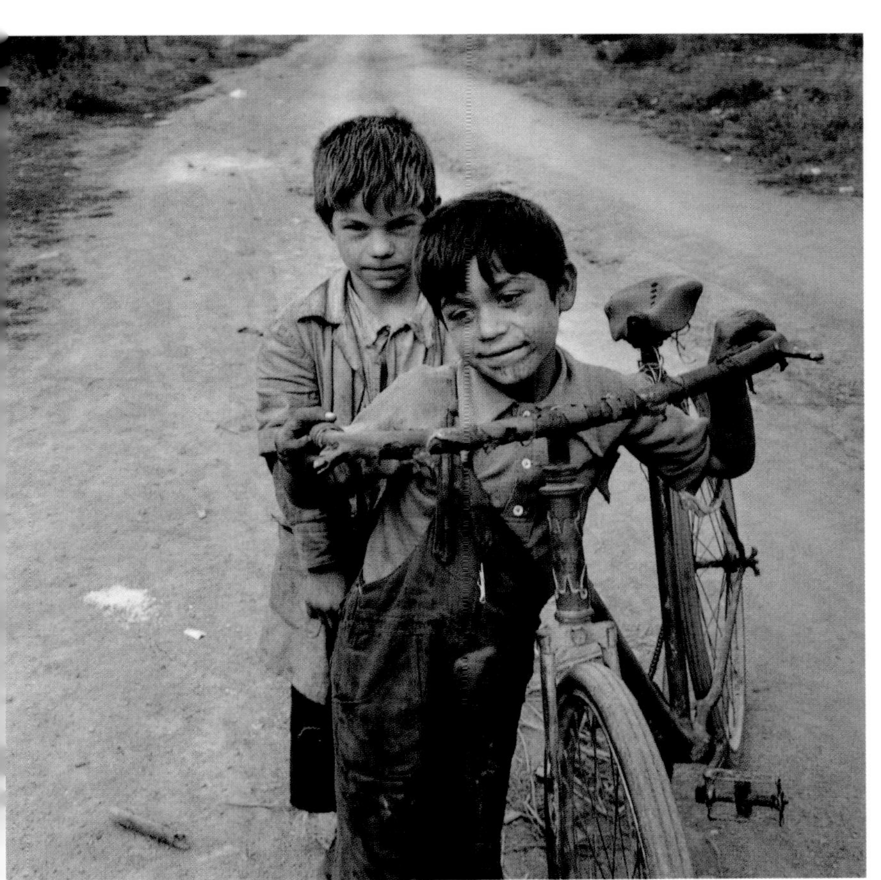

06. Sin título, 1956

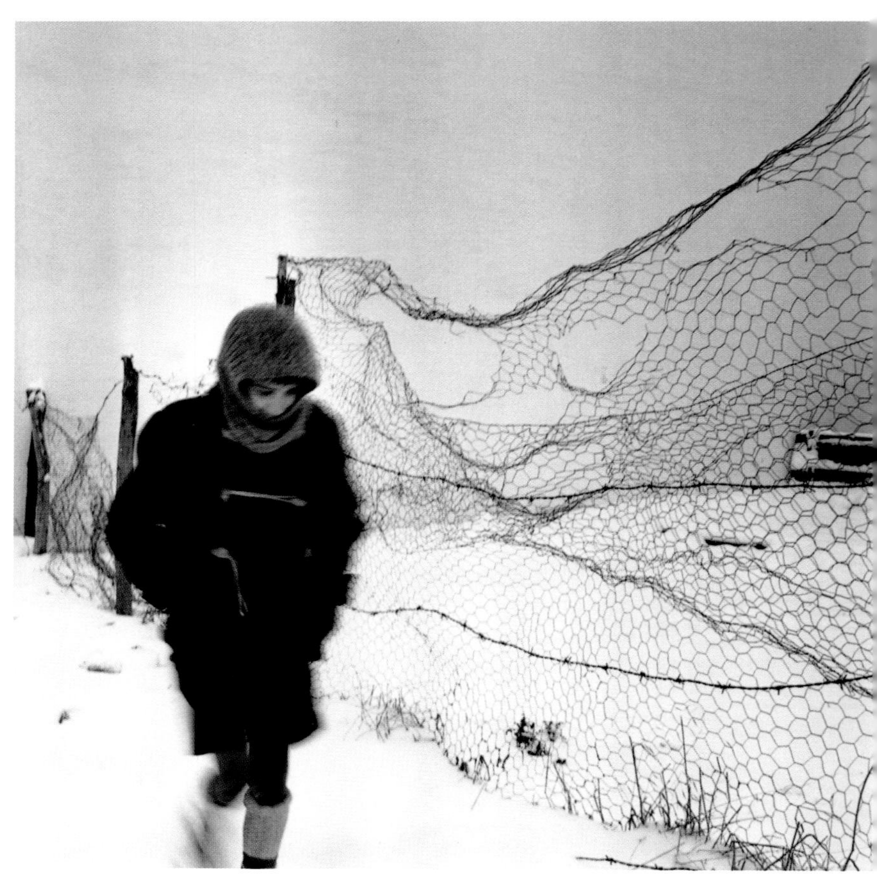

07. Sin título, 1955

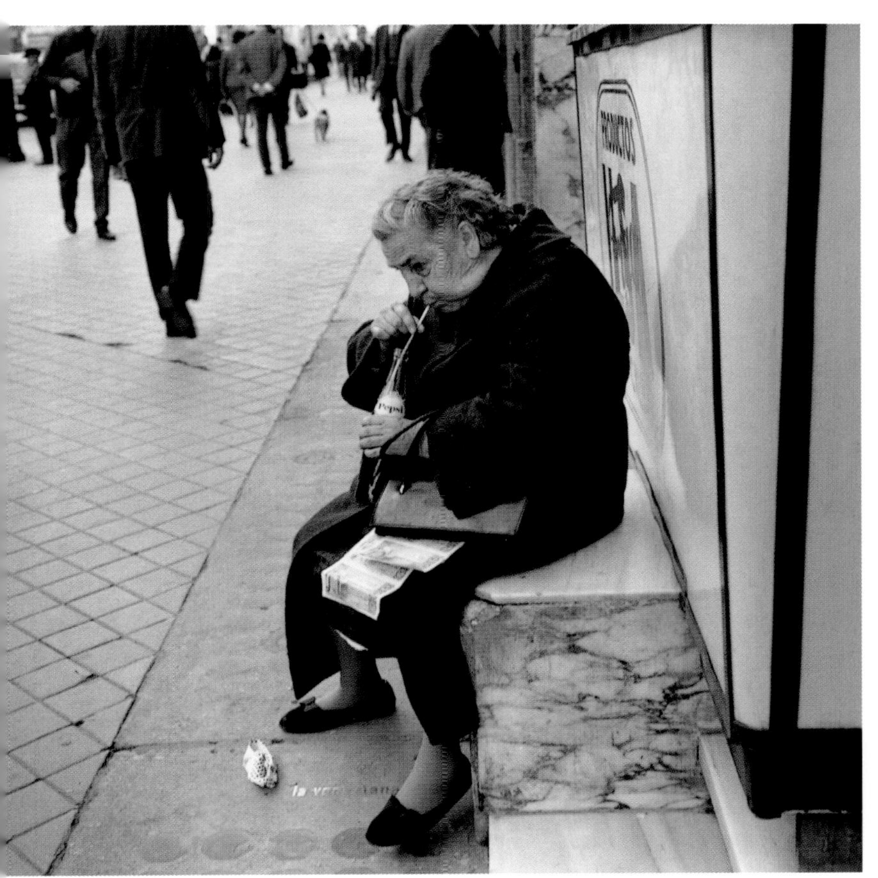

08. Sin título, 1958

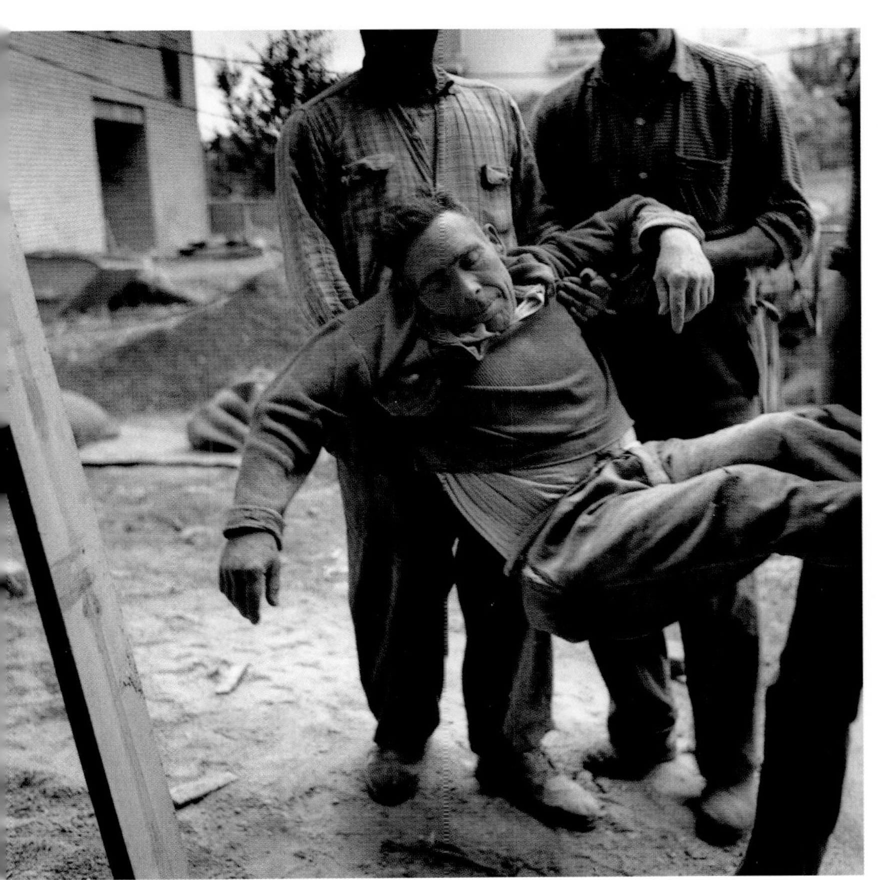

09. Sin título, 1954

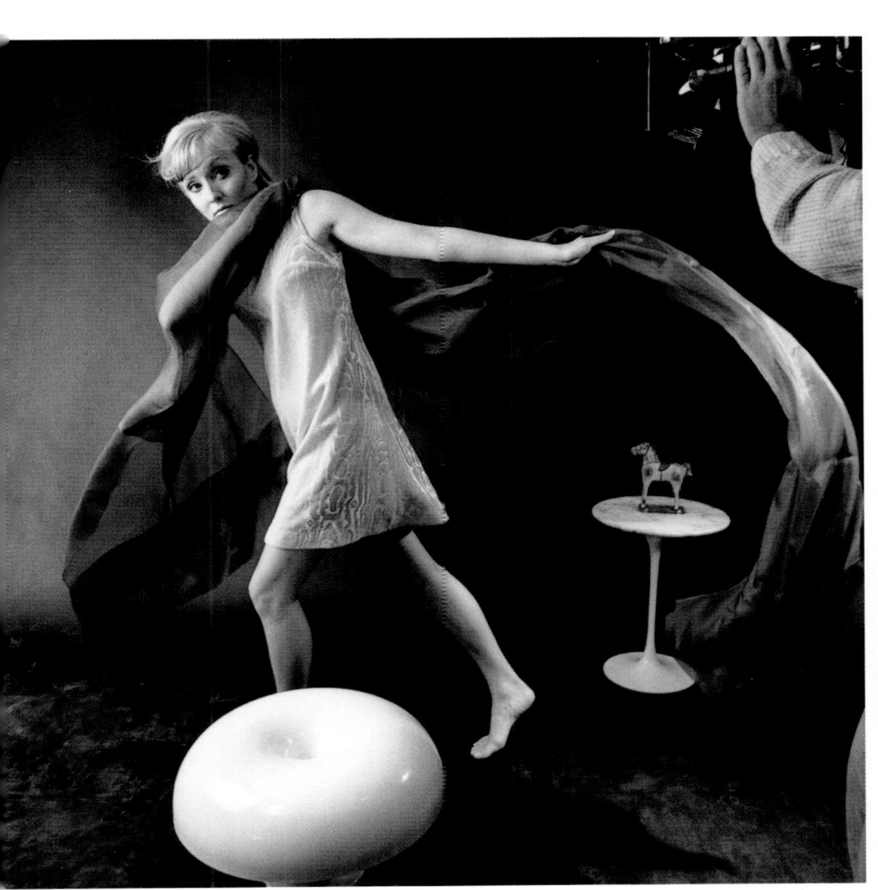

10. Publicidad, 1960

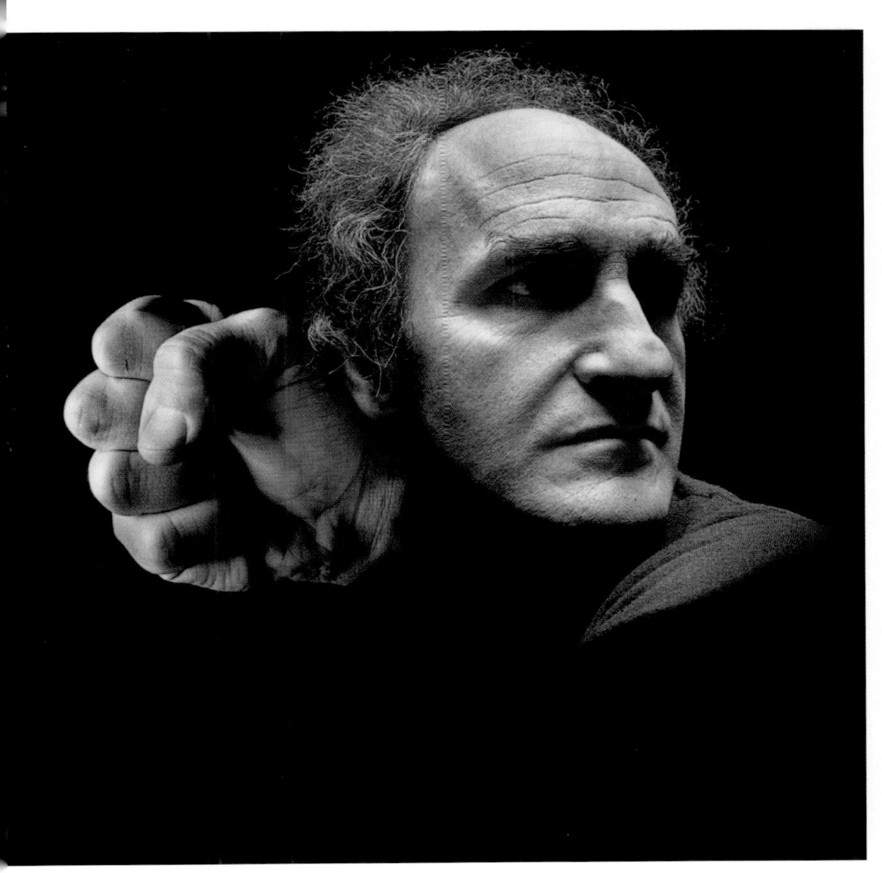

11. Eduardo Chillida. Escultor, 1972

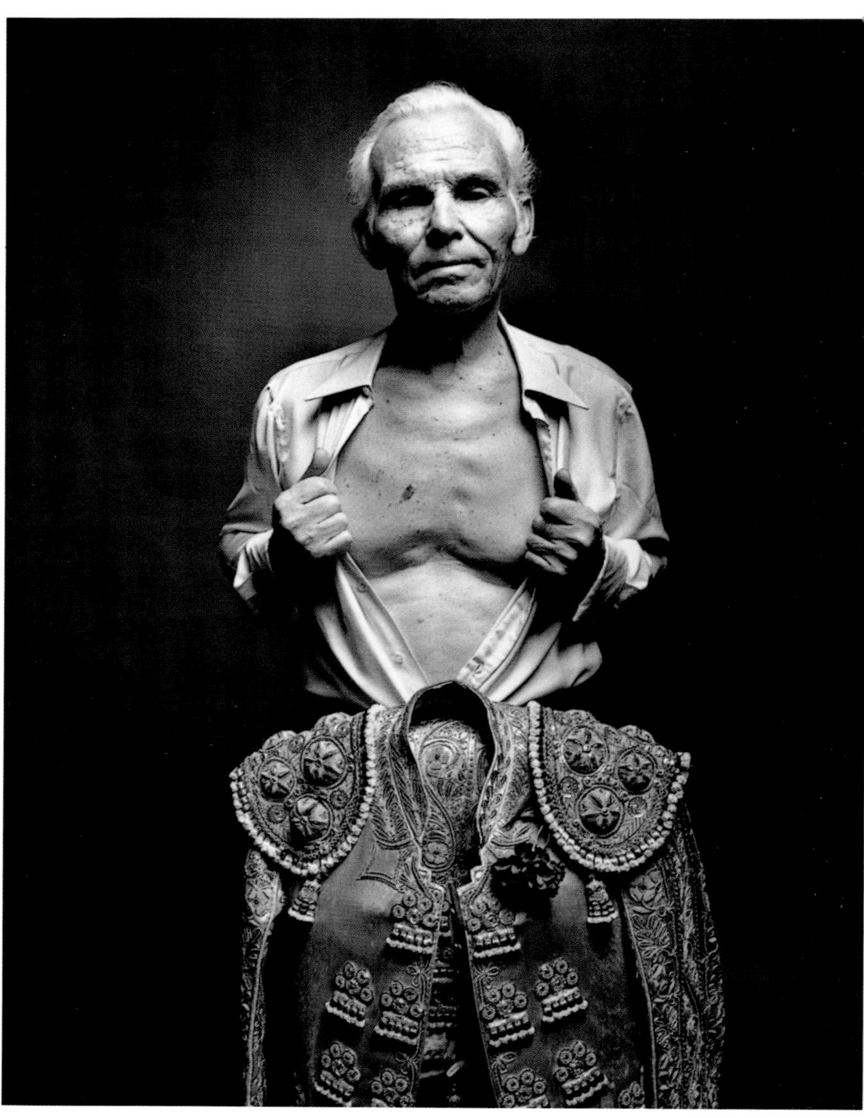

12. Domingo Ortega. Torero, 1969

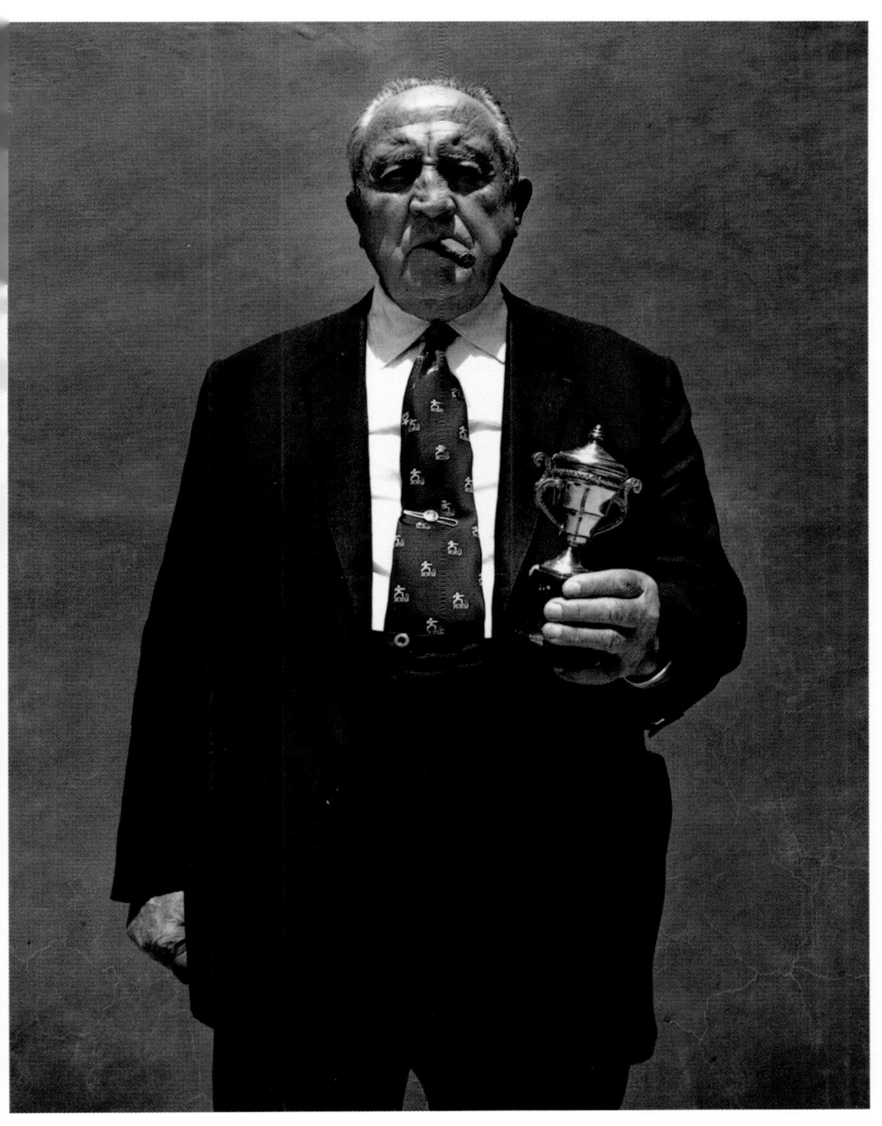

13. Santiago Bernabéu, 1969

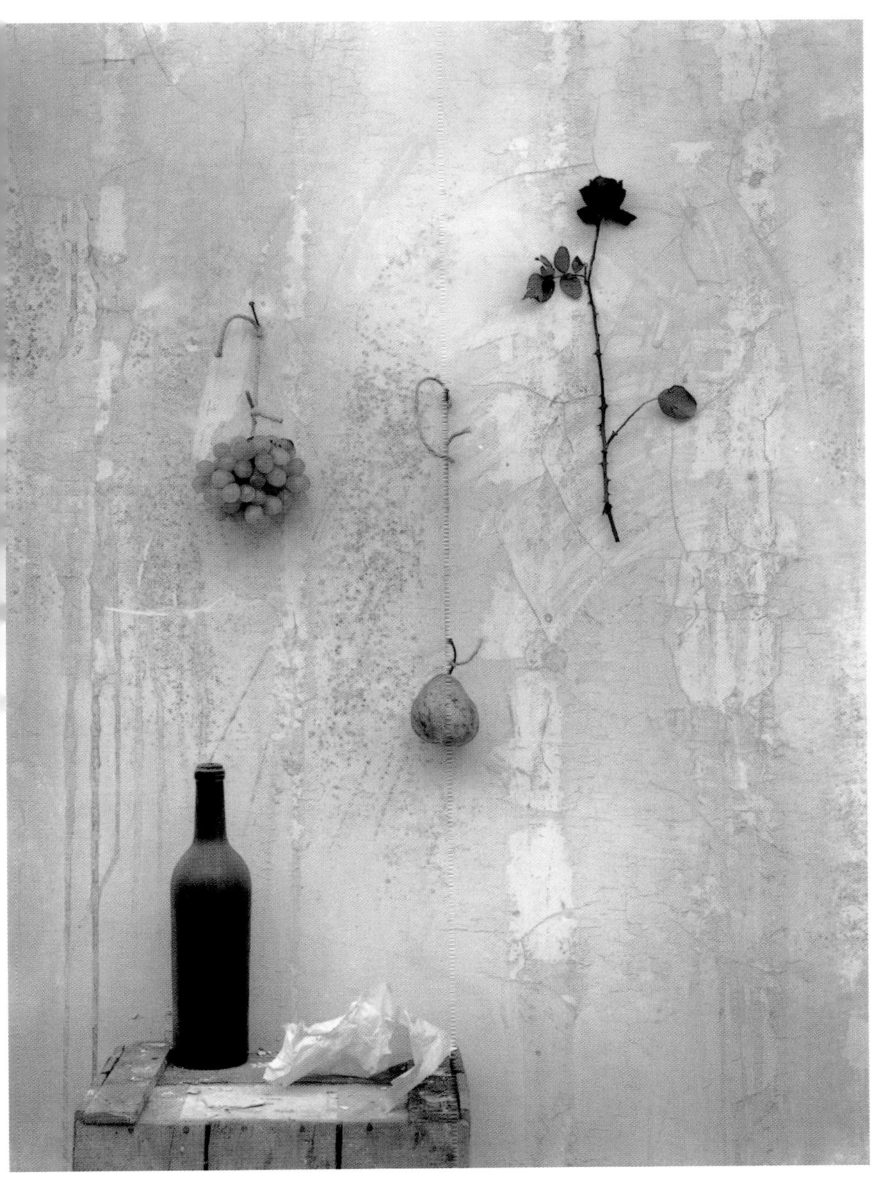

14. Bodegón, 1961

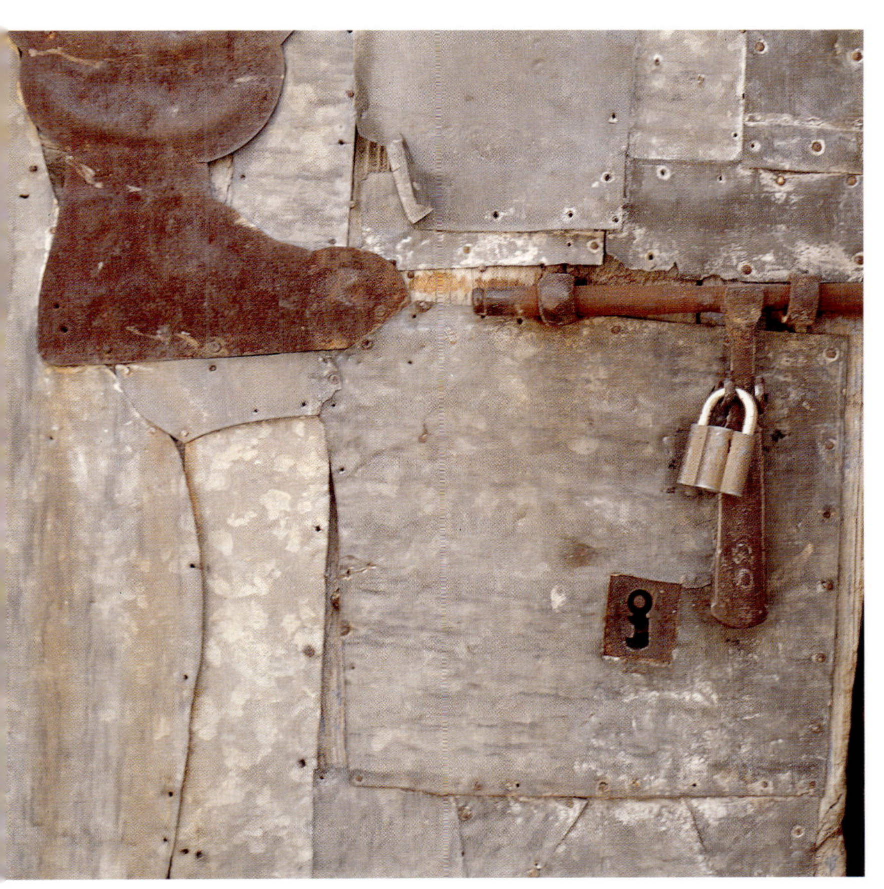

15. Bodegón, 1972

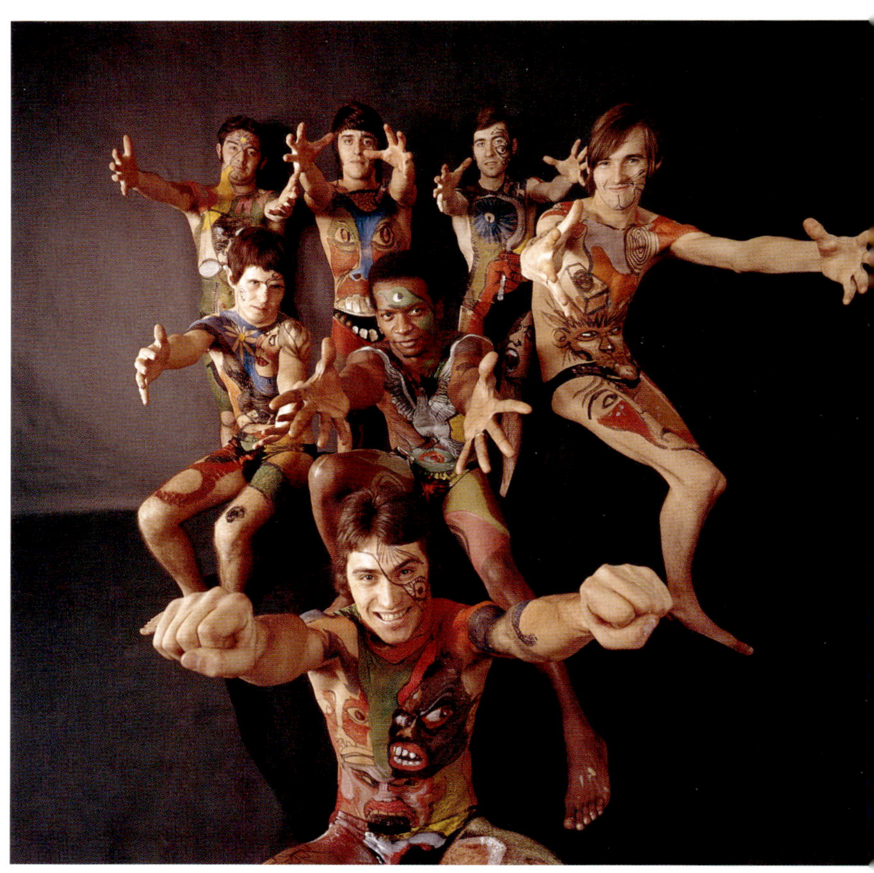

16. Pop Tops, 1971

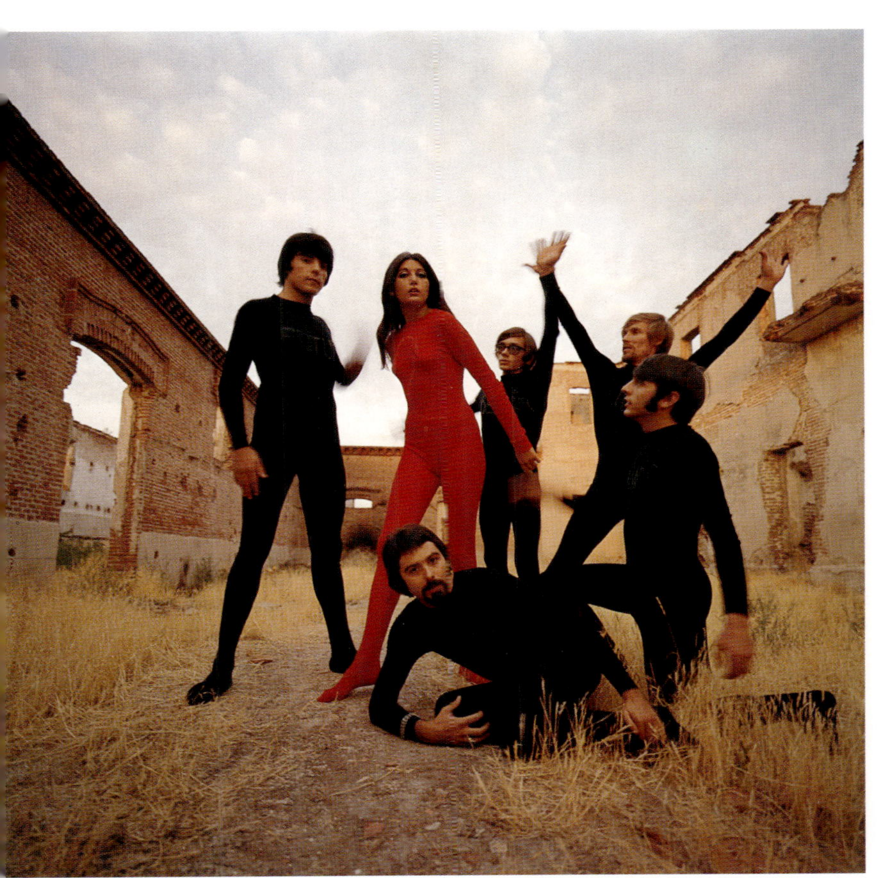

17. Los Bravos, 1970

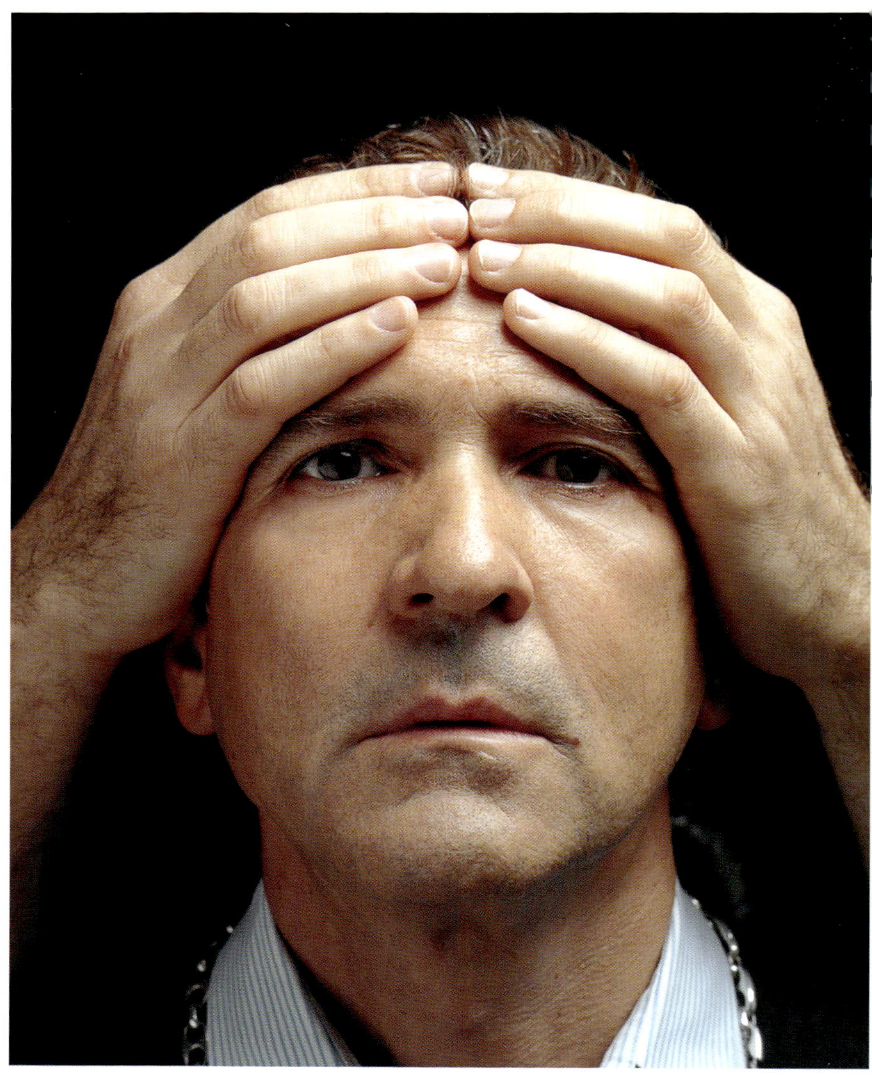

18. Antonio Gala (sin fecha)

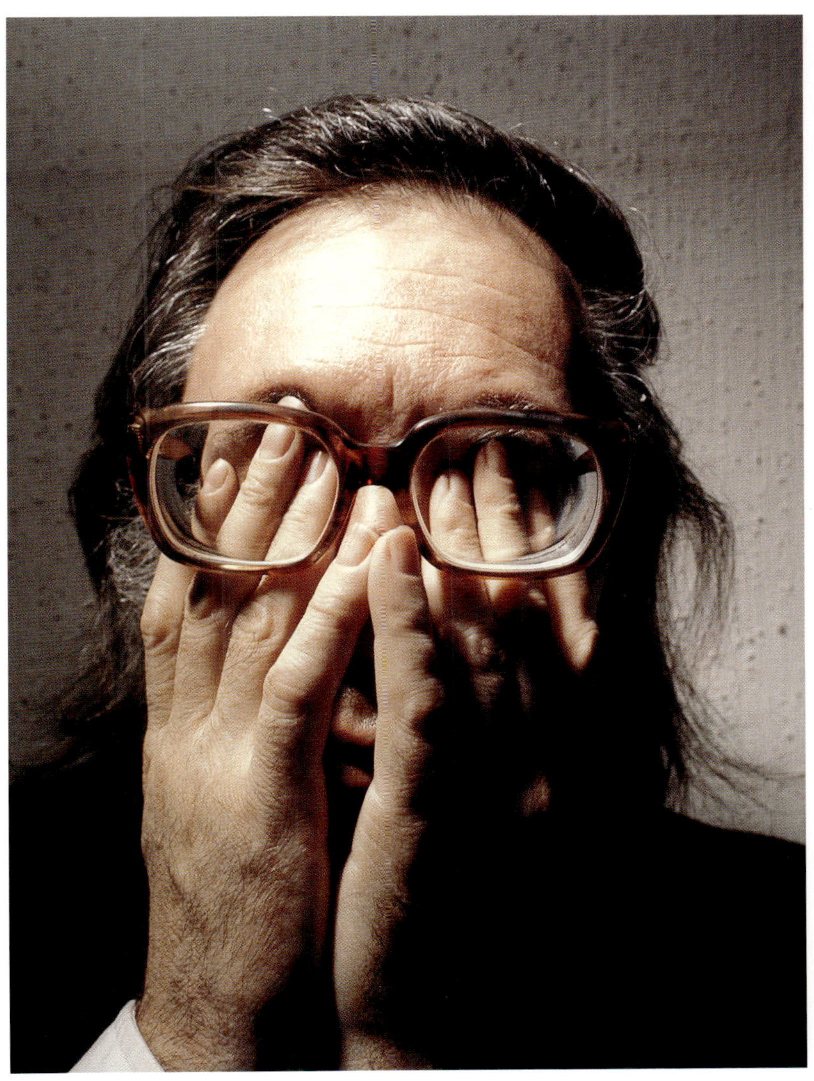

19. Francisco Umbral (sin fecha)

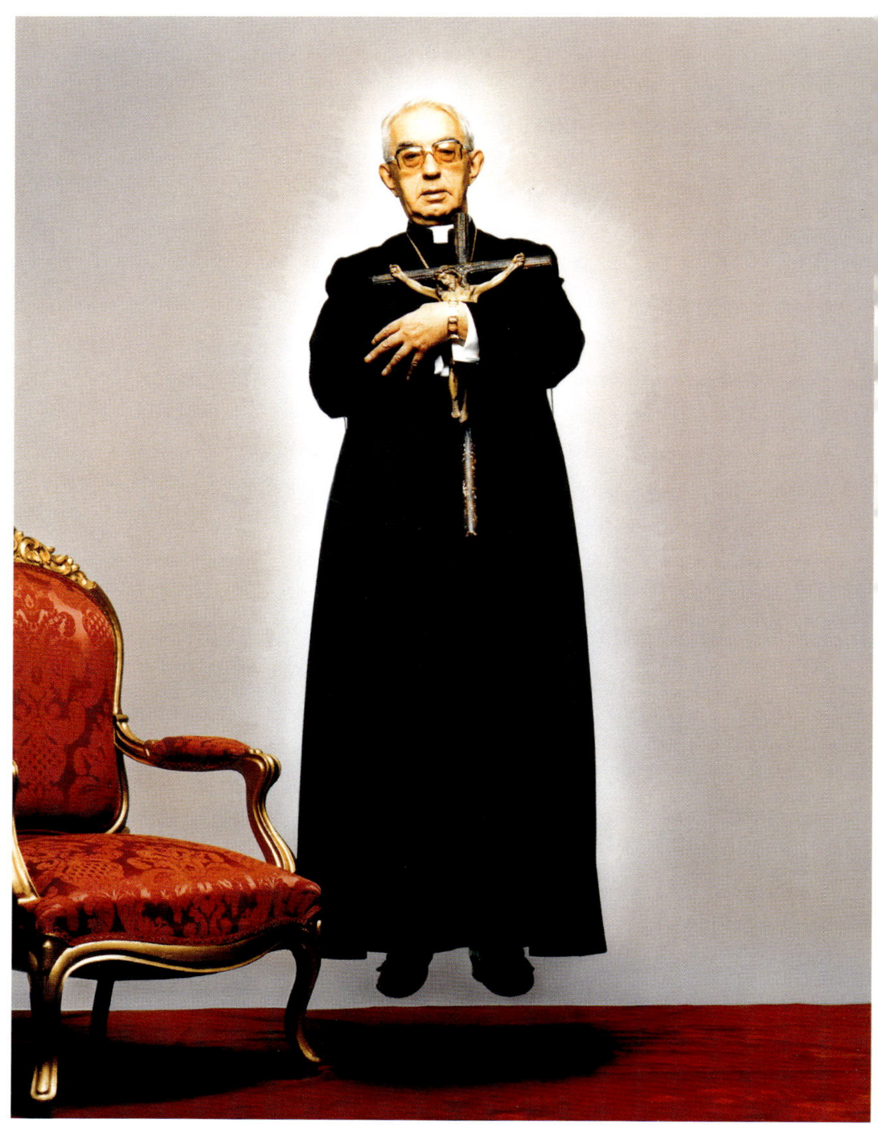

20. Monseñor Tarancón, 1981

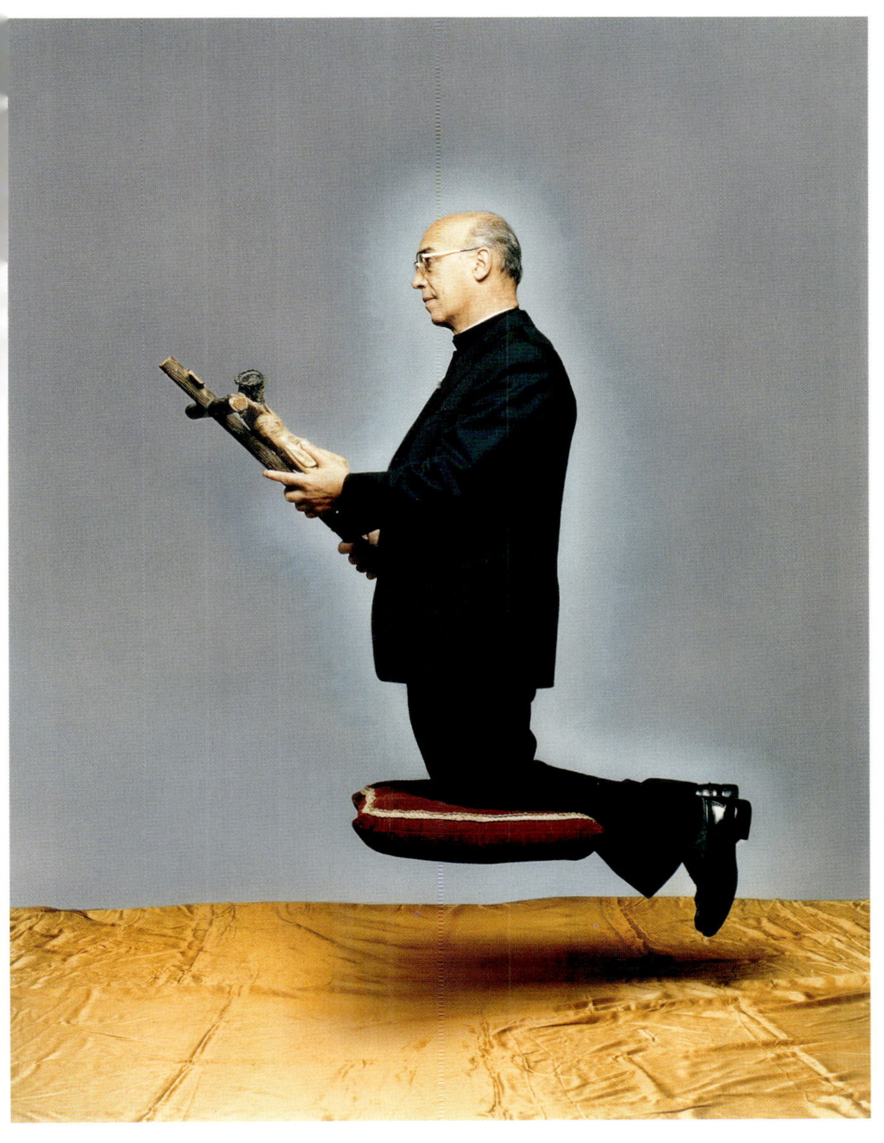

21. Monseñor Suquía, 1981

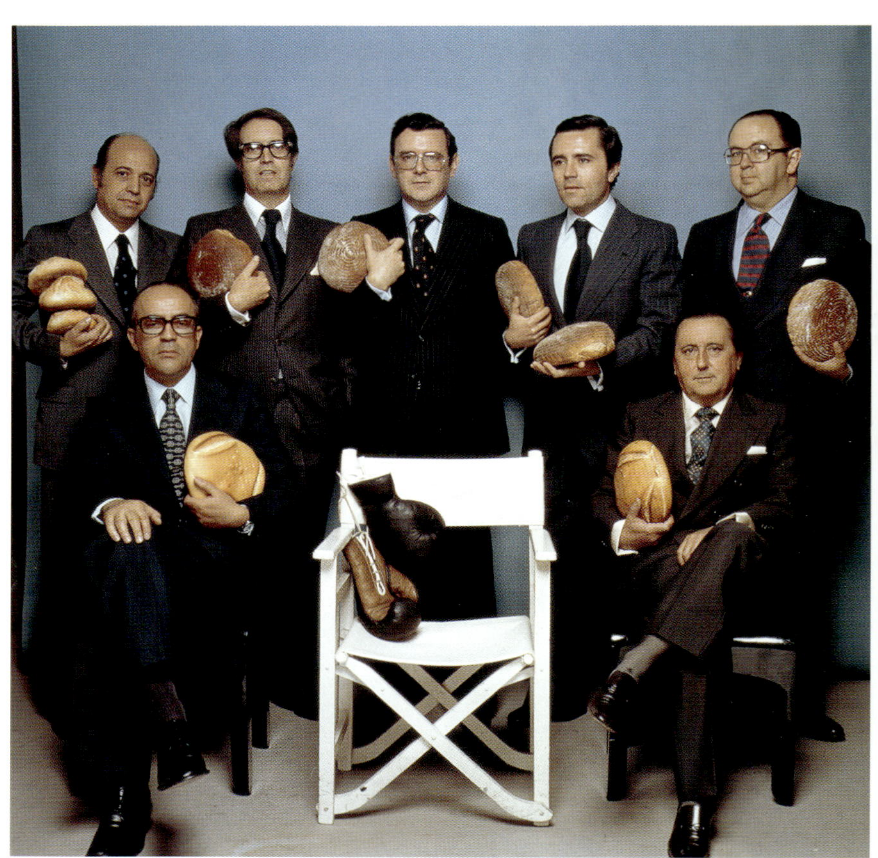

22. Alianza Popular, 1977

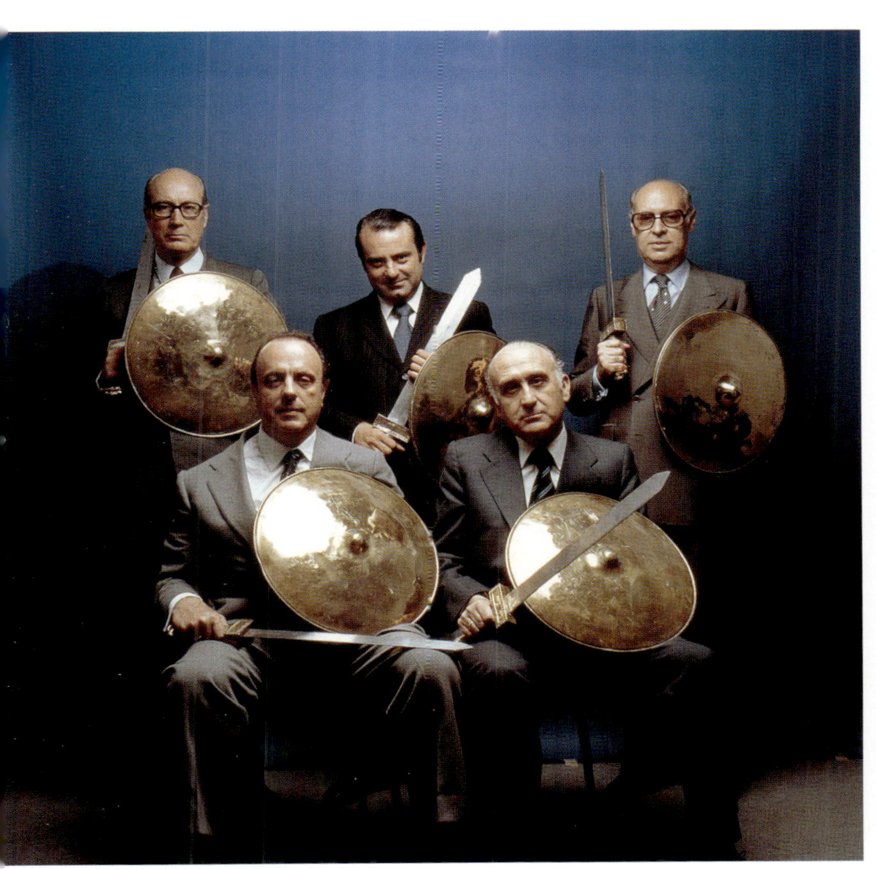

23. Alianza Popular, 1979

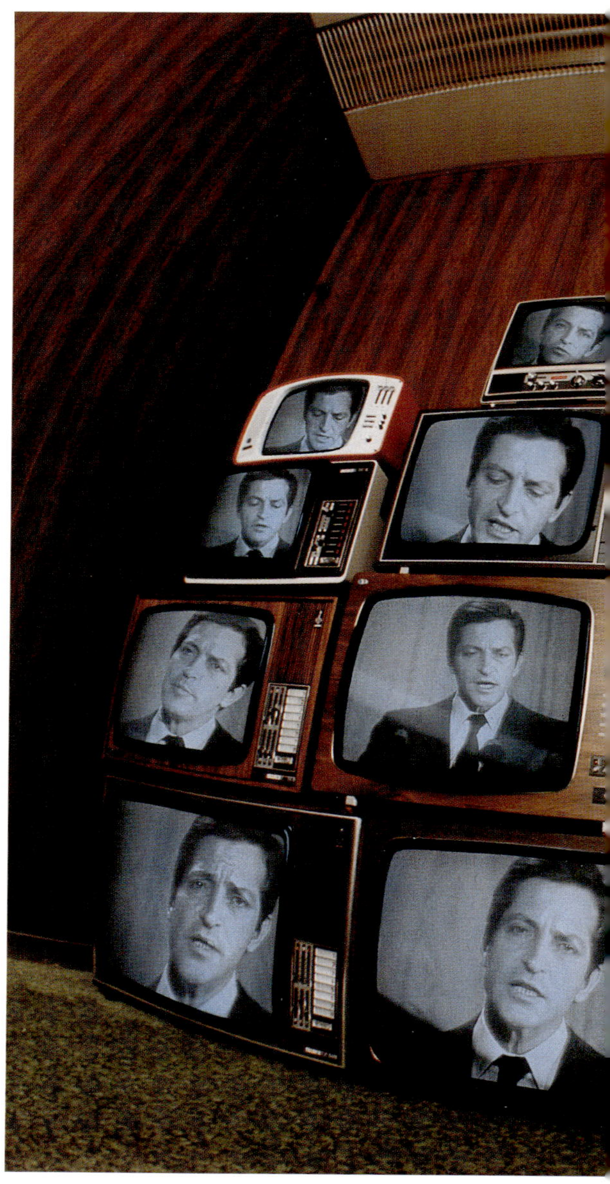

24. Composición, 1977

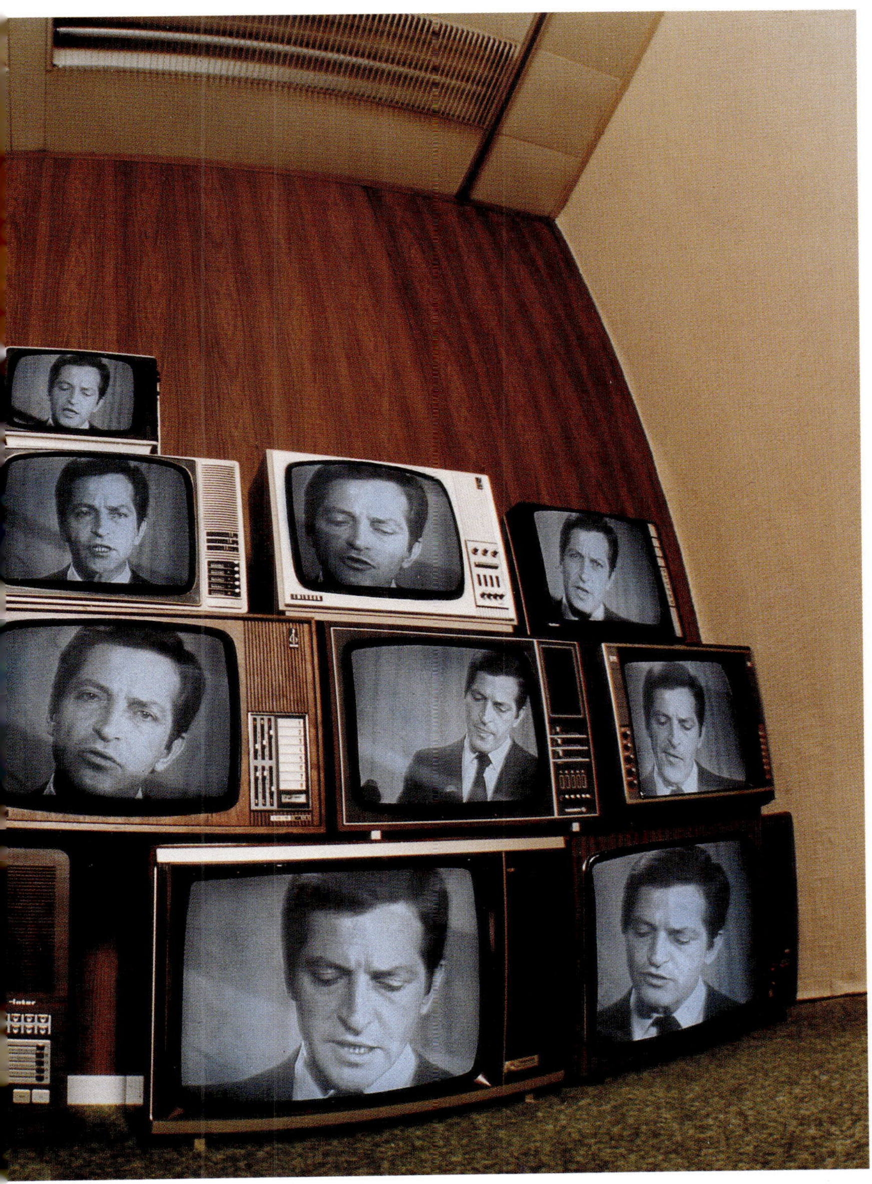

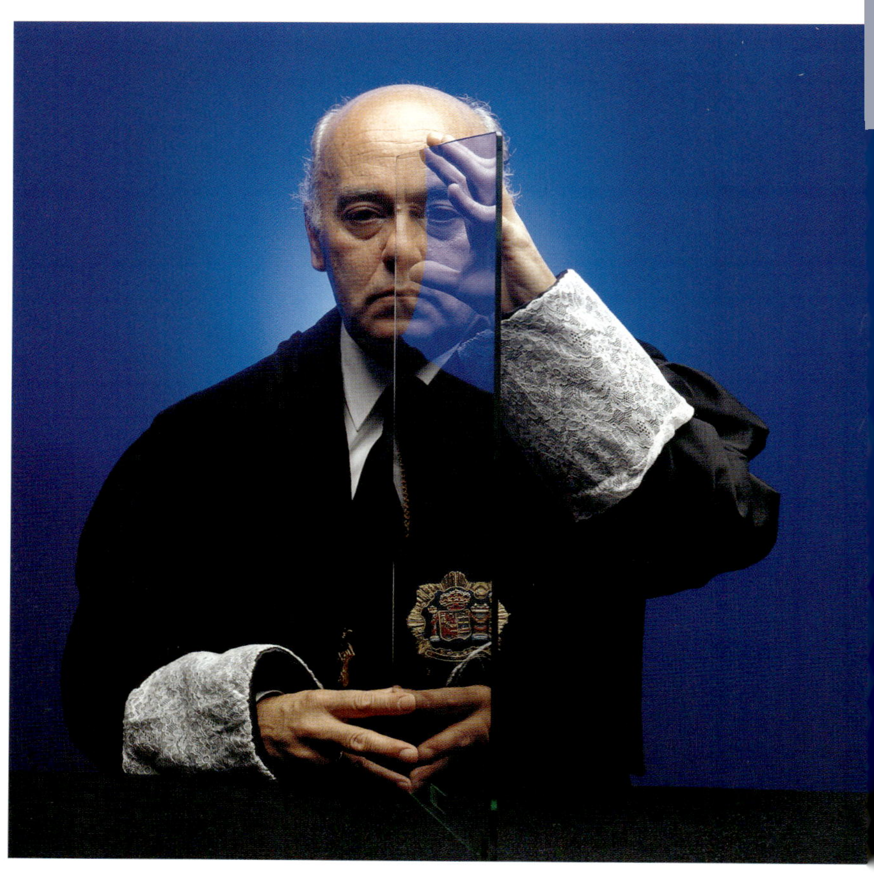

25. Federico Sainz de Robles, 1982

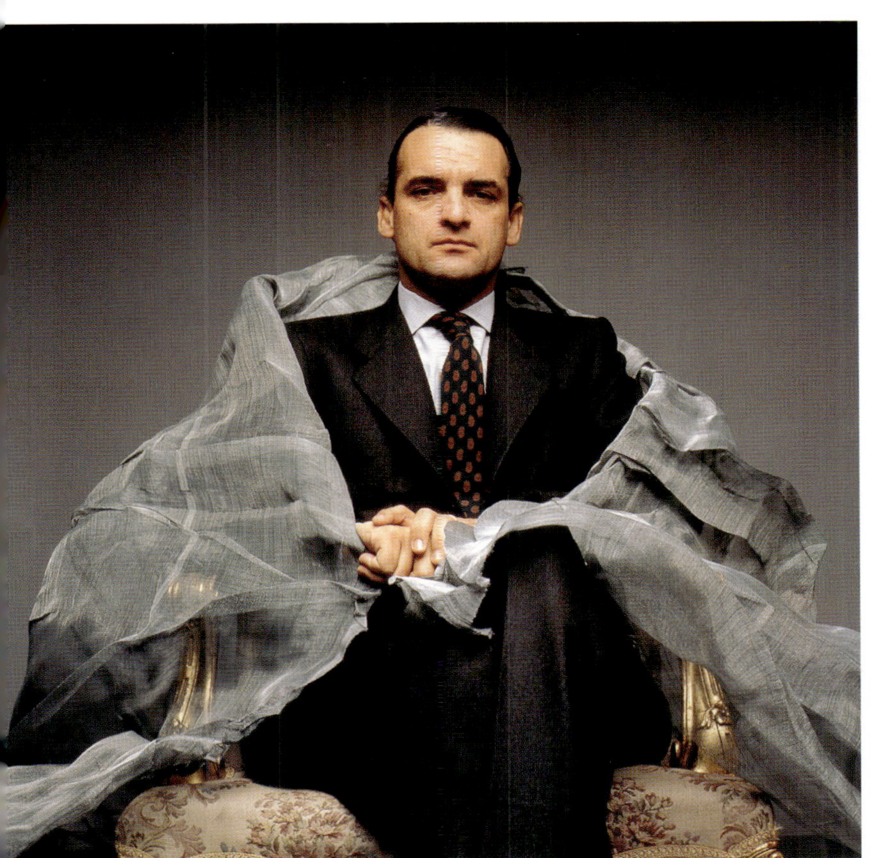

26. Mario Conde, 1991

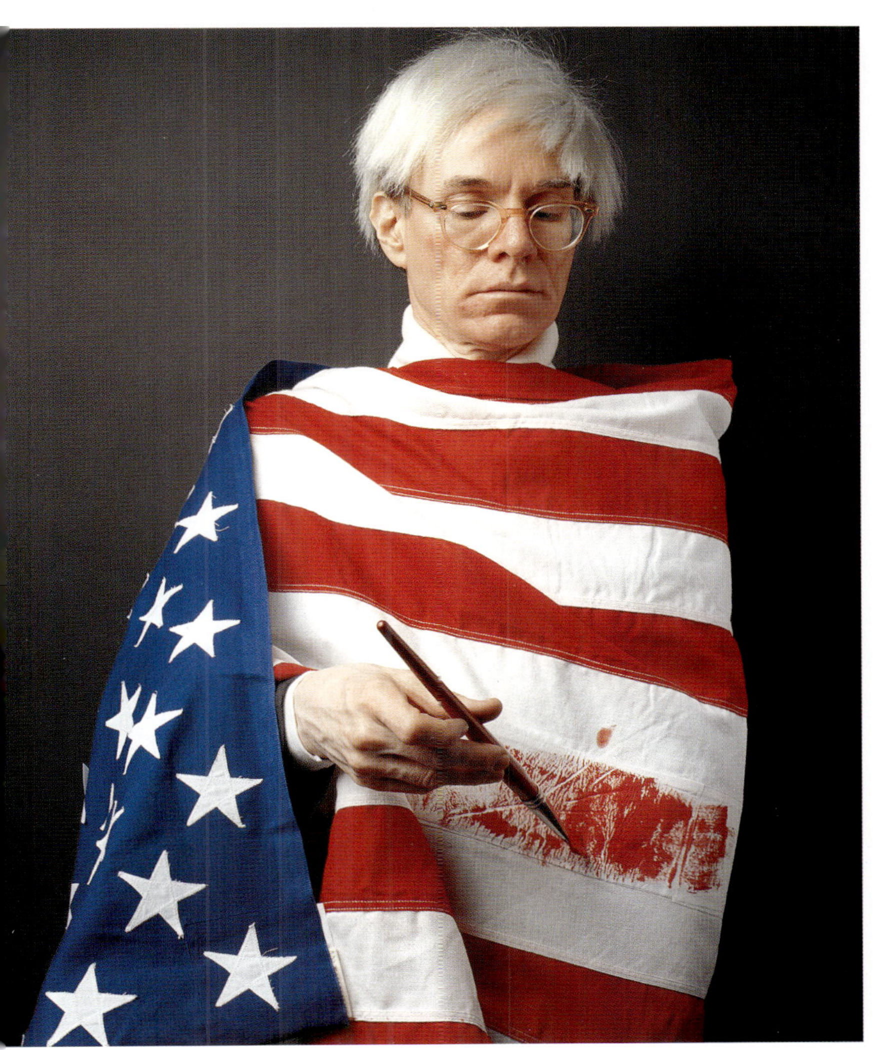

27. Andy Warhol, 1983

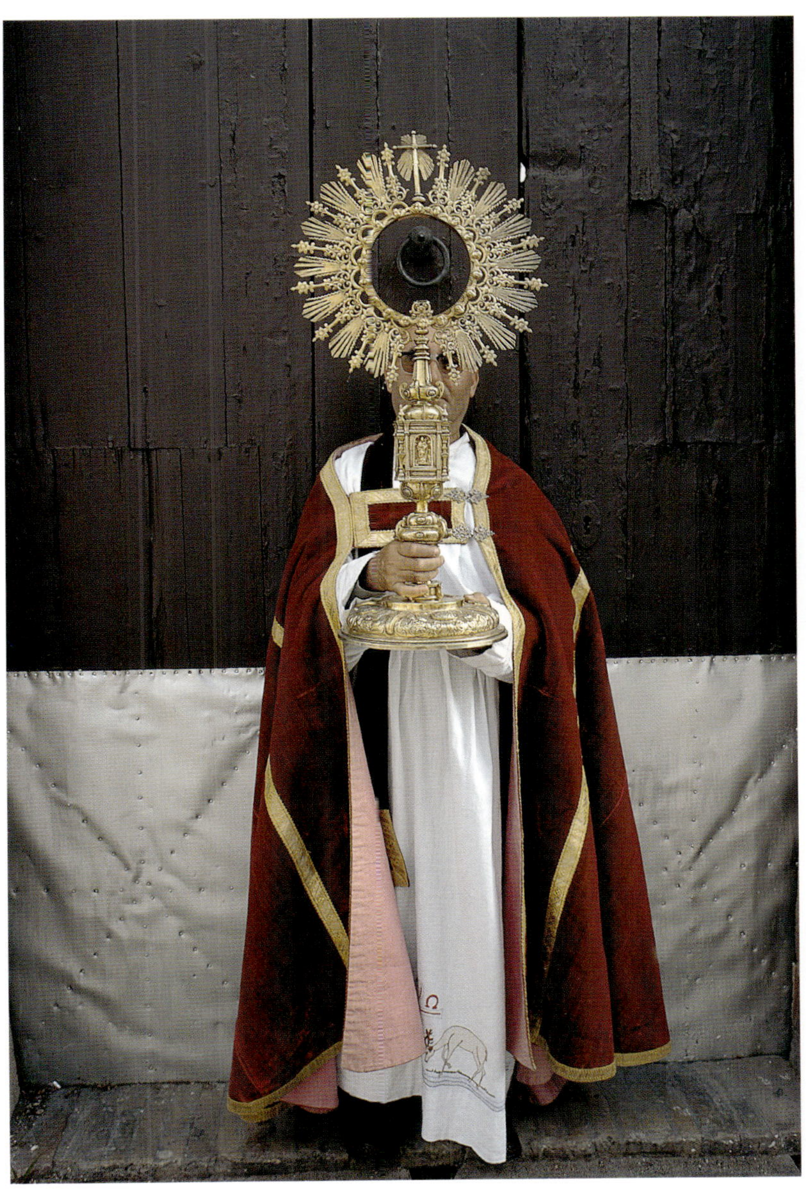

28. Granito Vivo, 1993

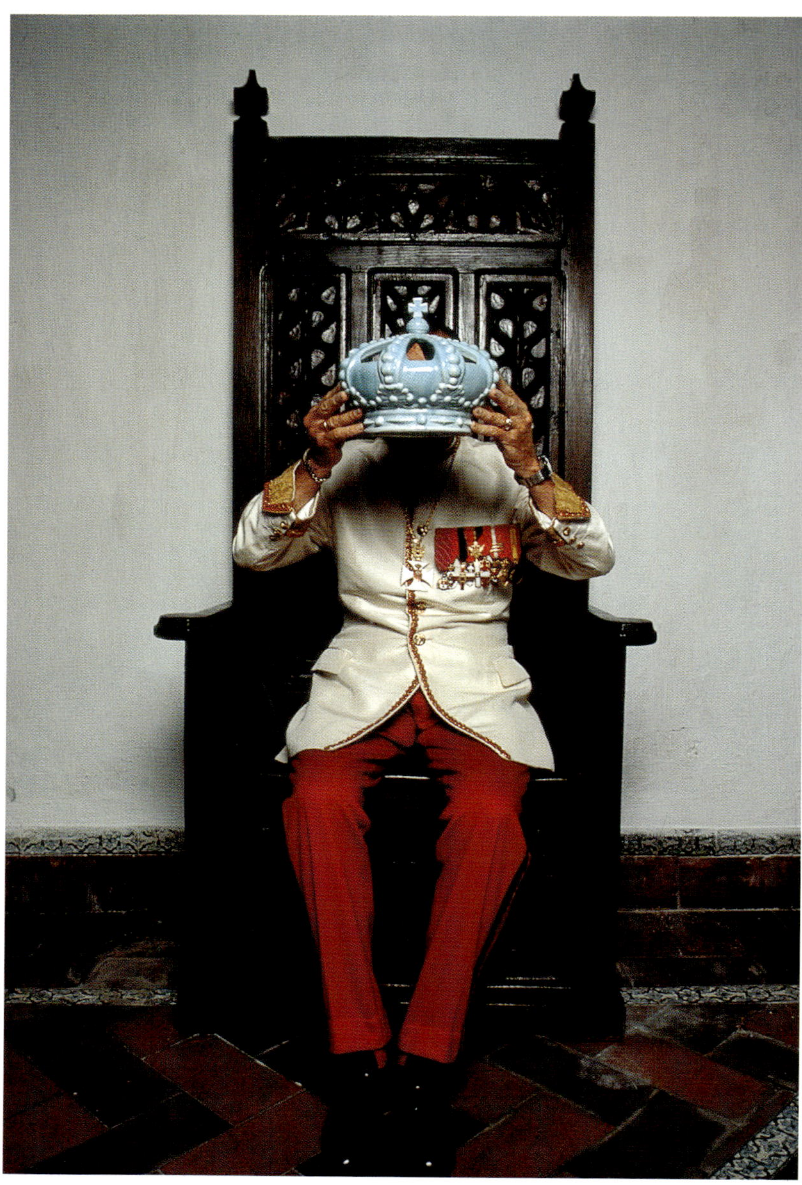

29. Fermento. Andalucía, 1982

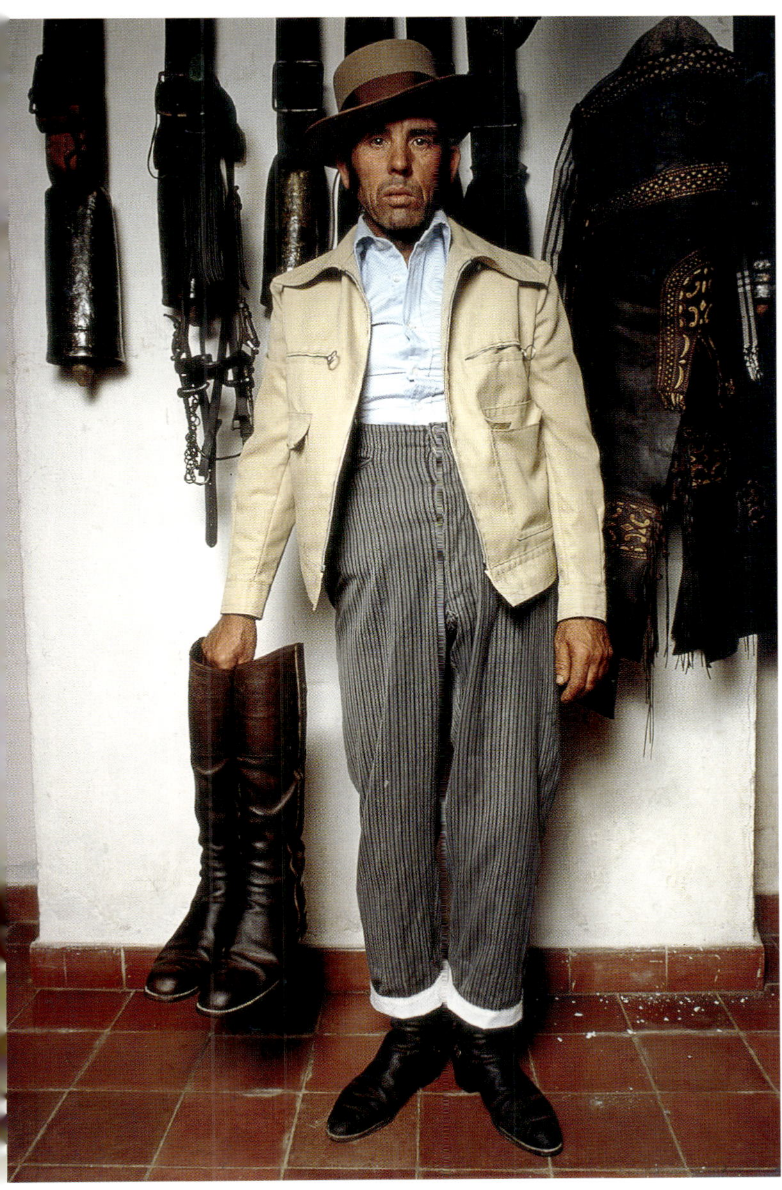

30. Fermento. Andalucía, 1982

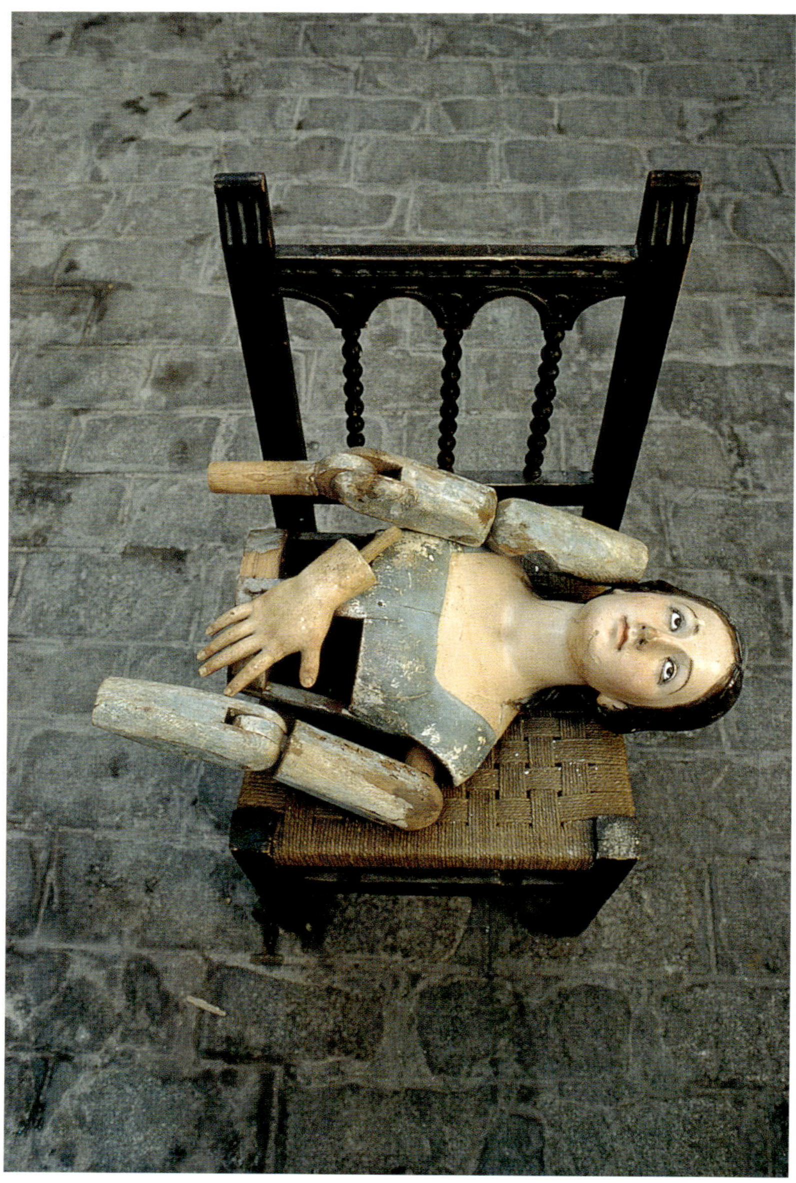

31. Fermento. Andalucía, 1982

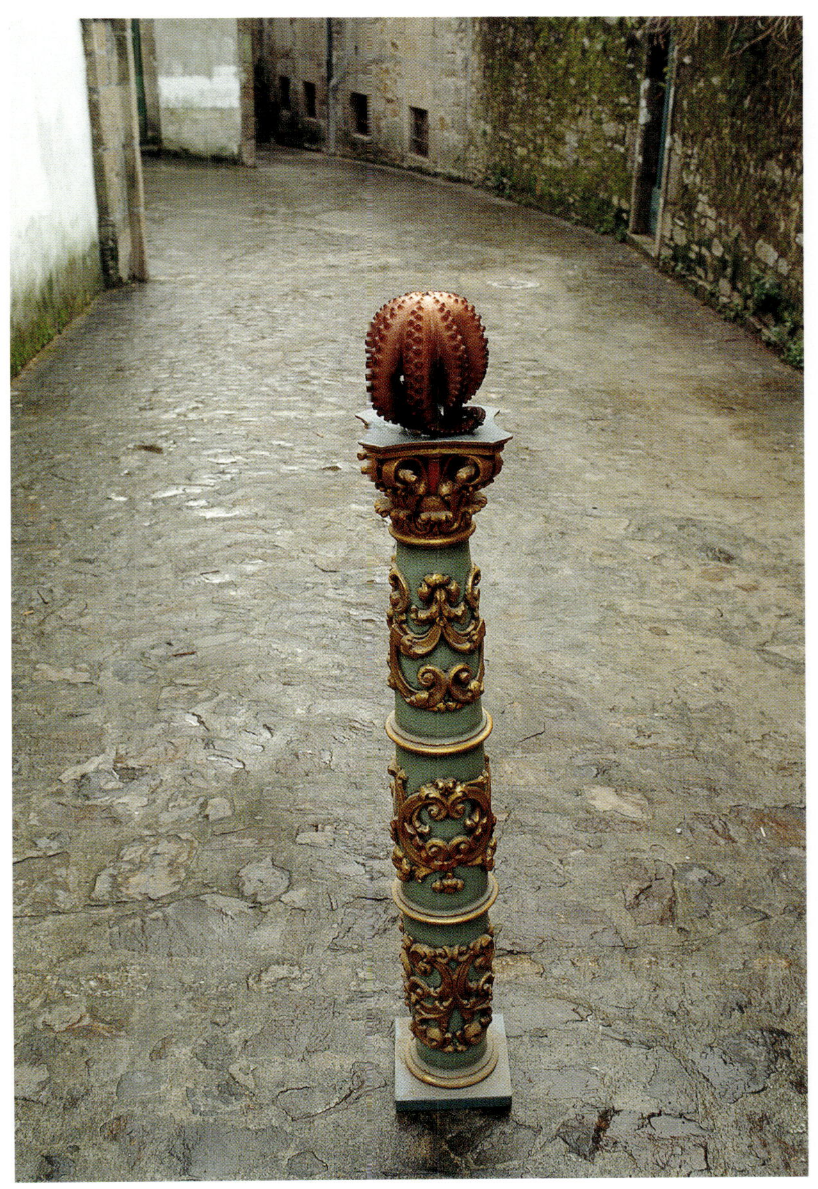

32. Fermento, 1962

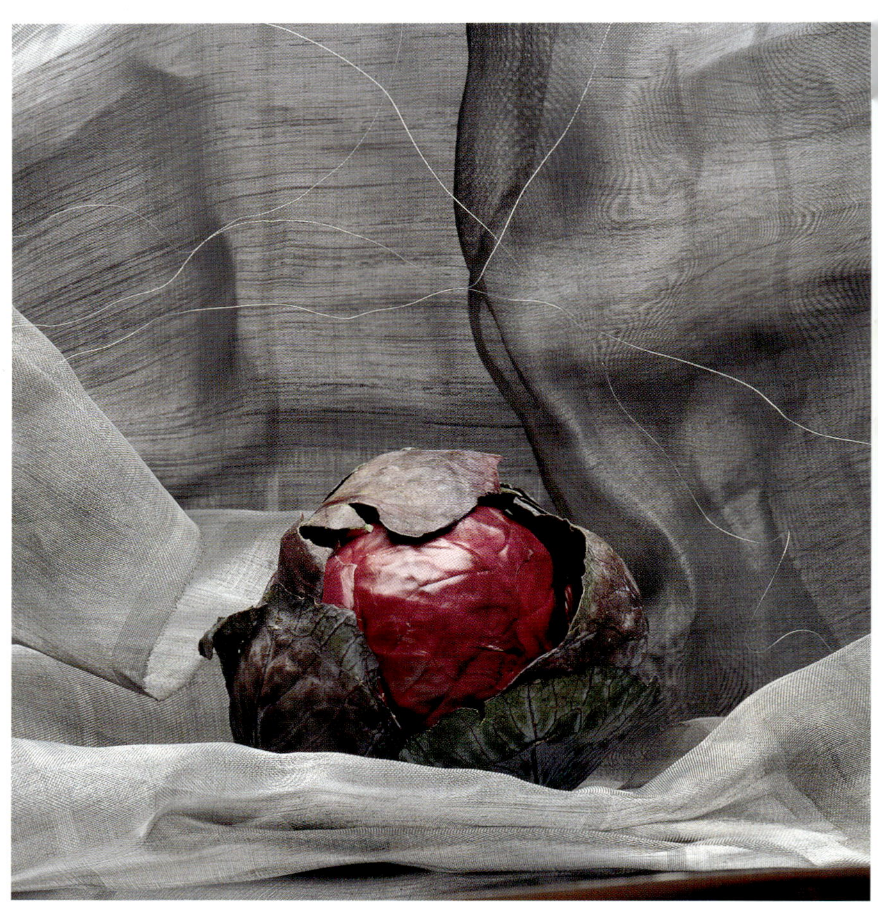

33. Serie Sobremesa, 1987-1990

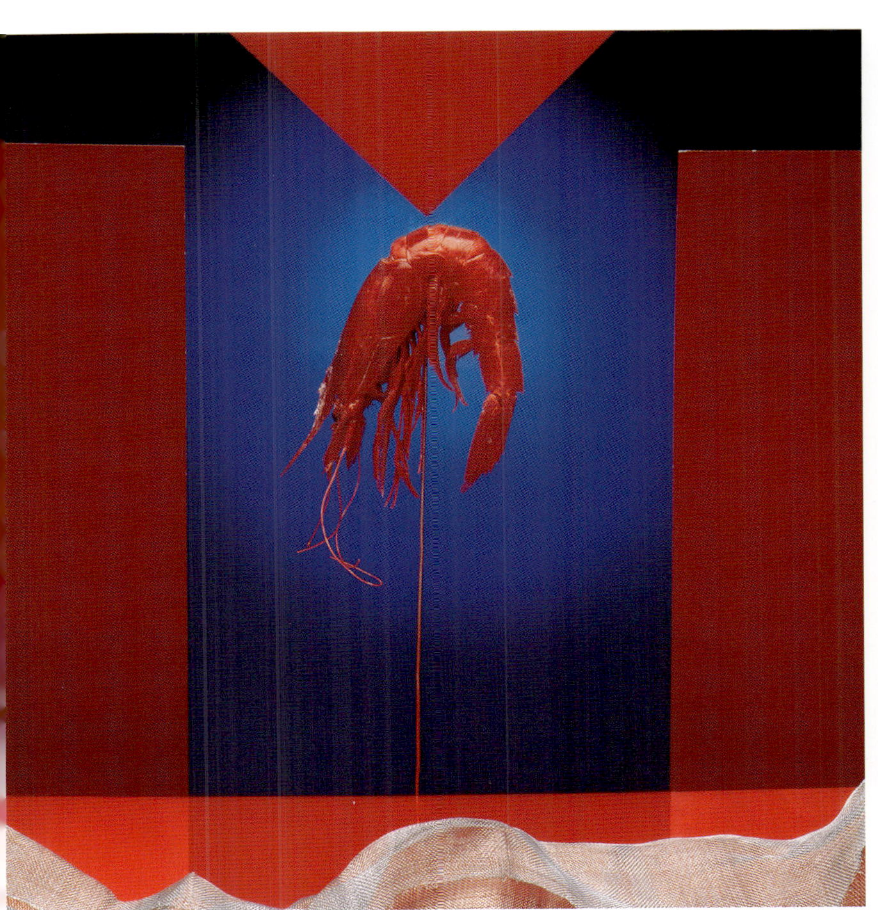

34. Serie Sobremesa, 1987-1990

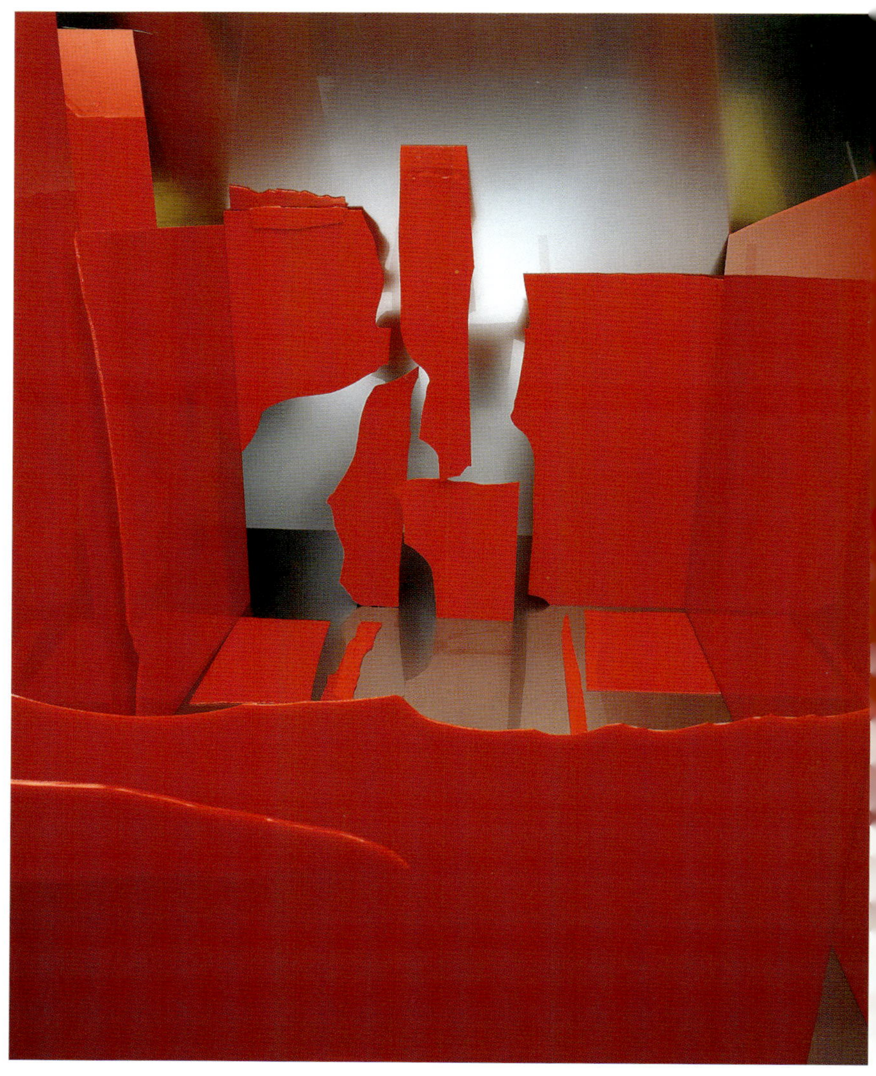

35. Serie Civilizaciones, 1987

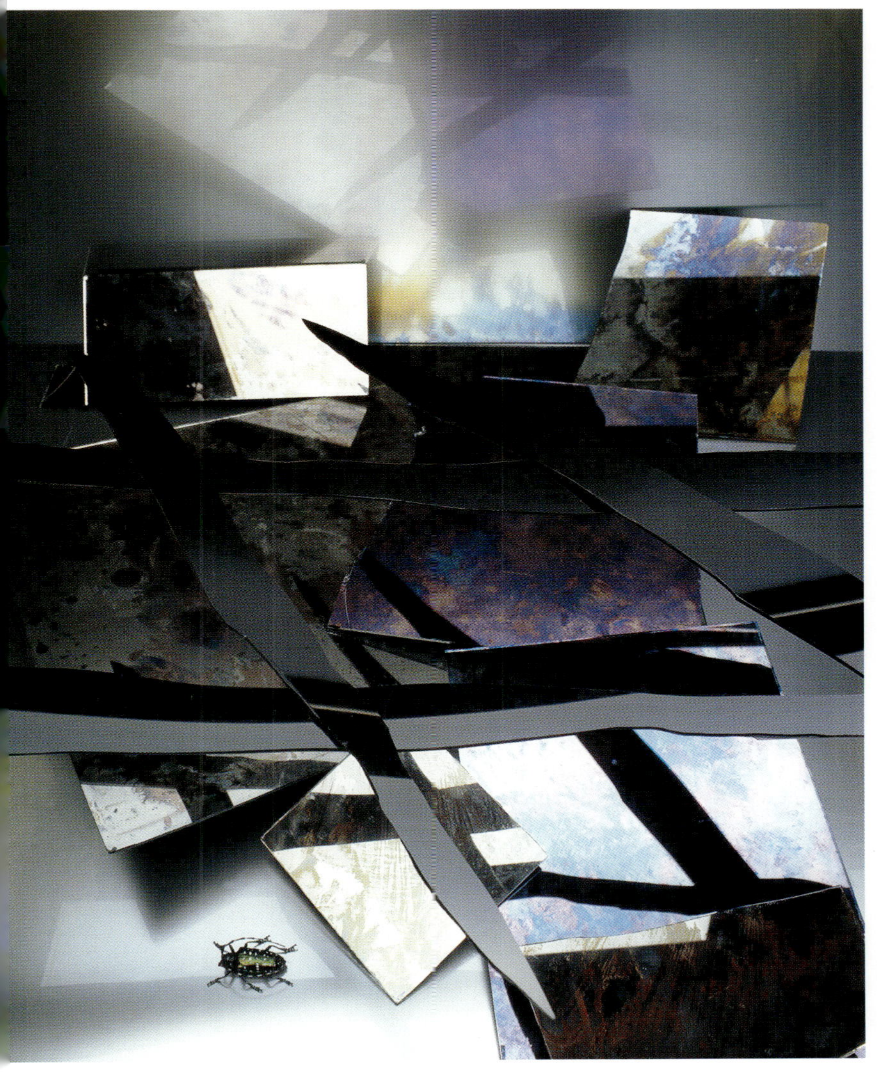

36. Apocalipsis. Civilizaciones, 1987

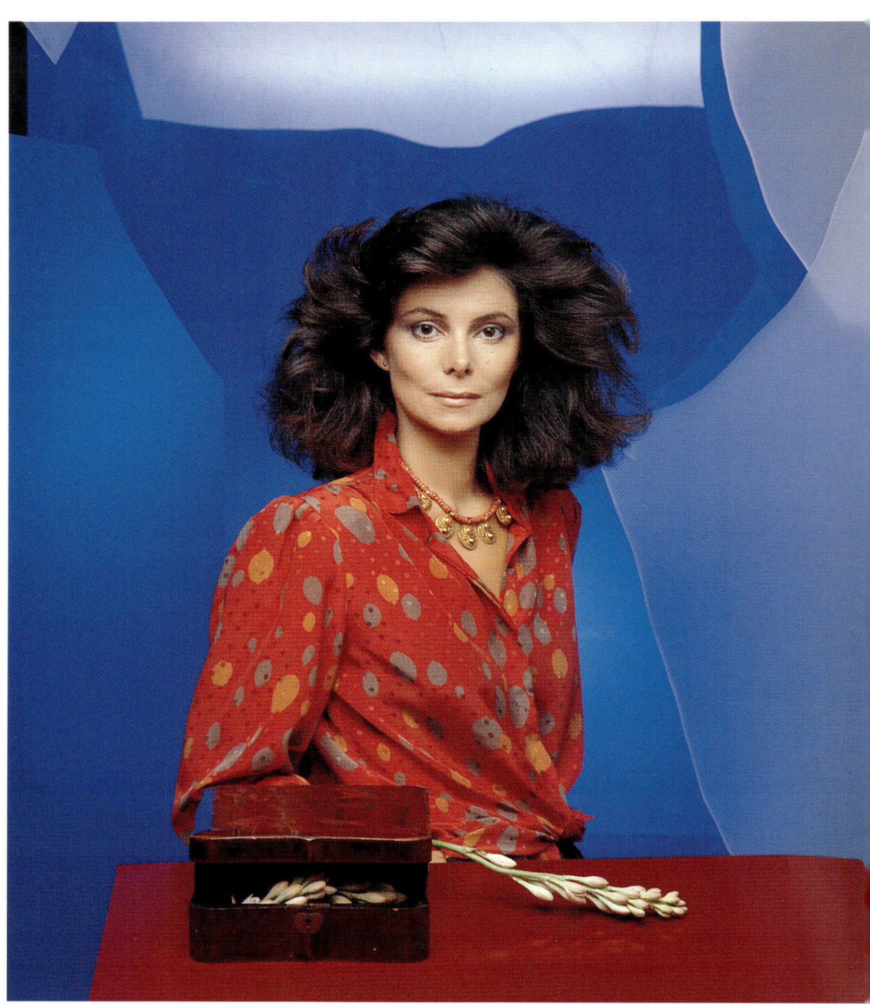

37. María Vidaurreta, 1990

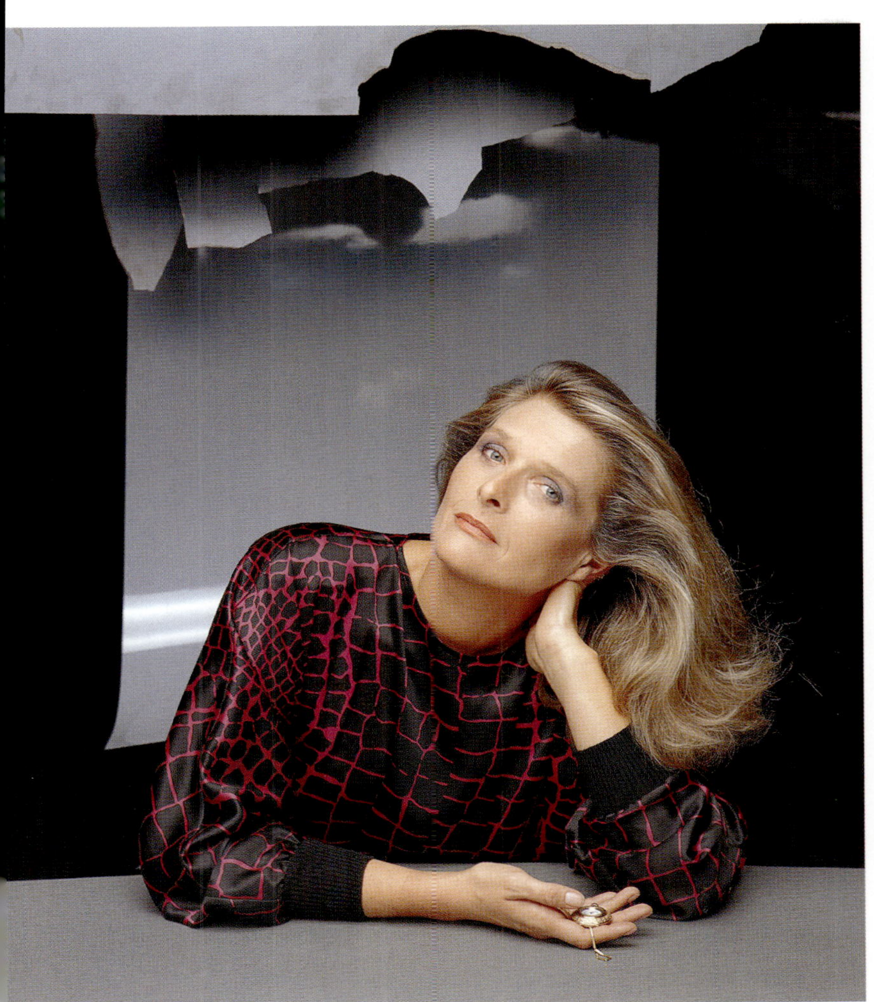

38. Gianine Girod, 1990

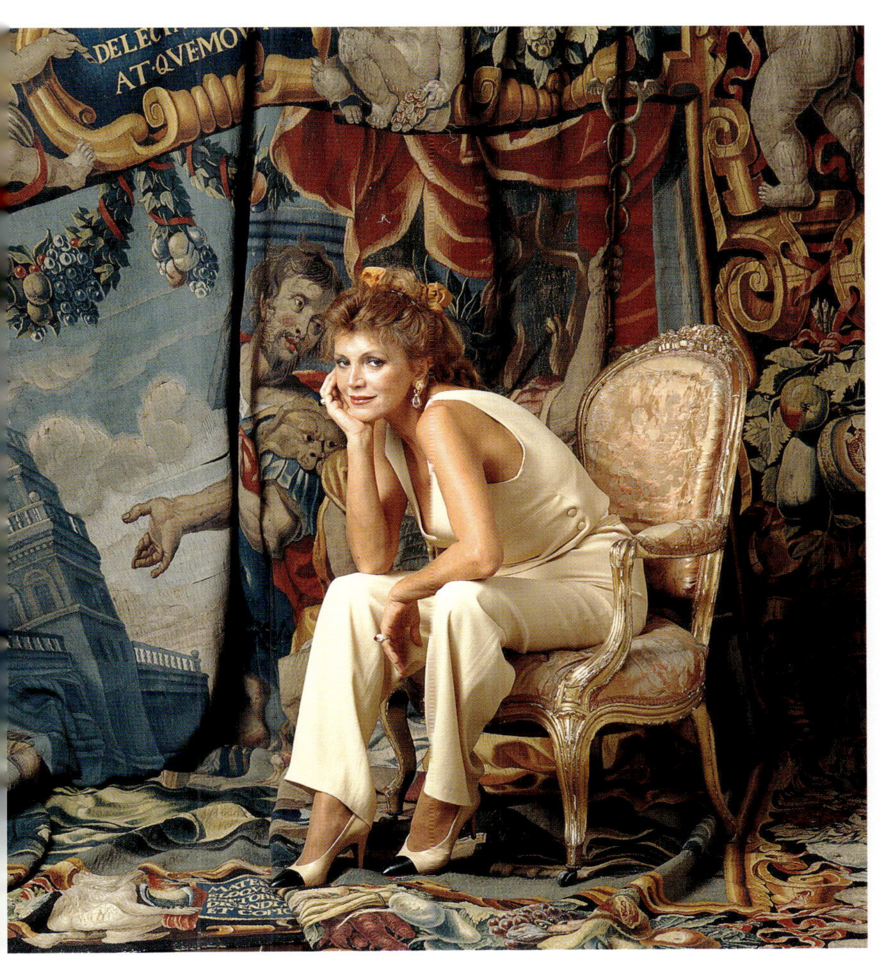

39. Carmen Thyssen, 1992

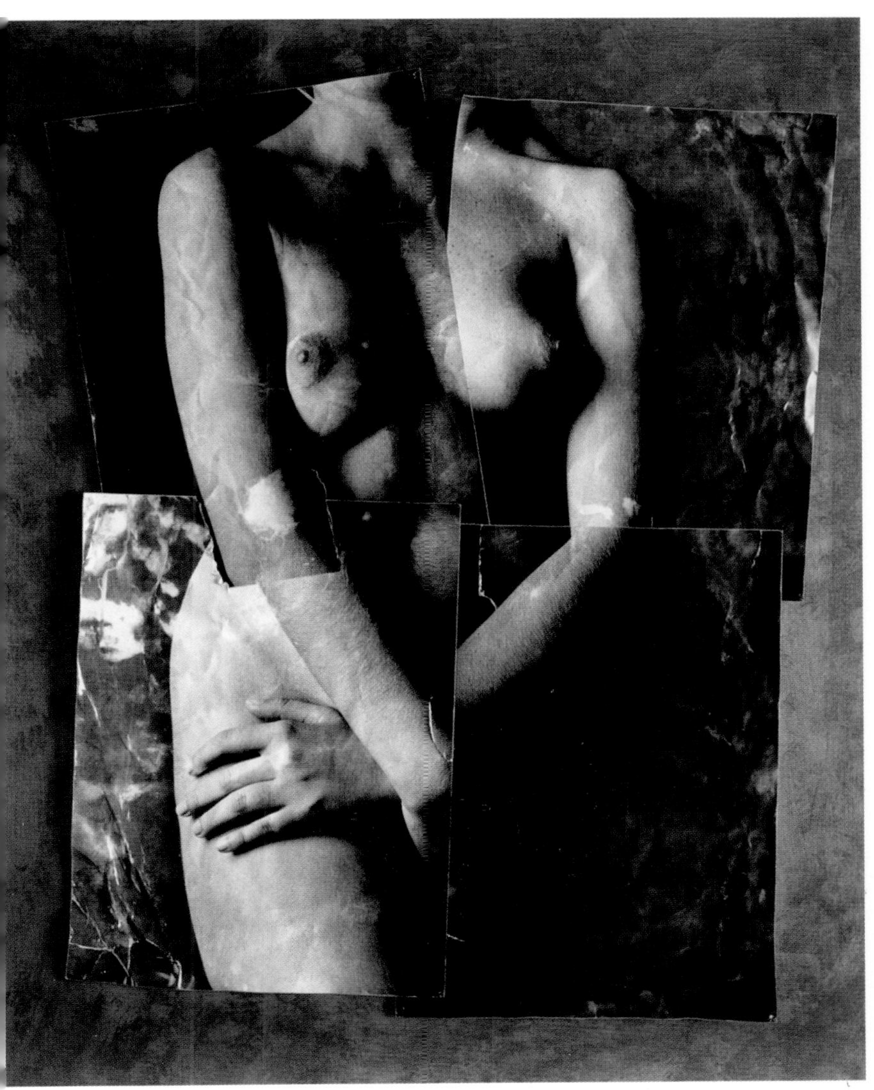

40. Cascografías. Espacios, 1990

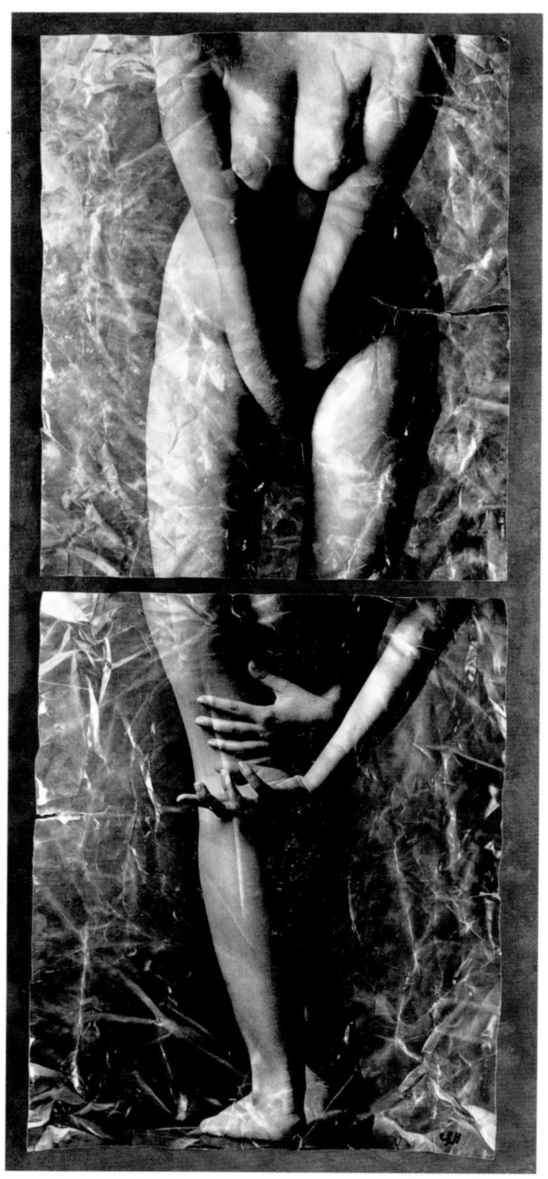

41. Cascografías. El Tiempo Pretérito, 1990

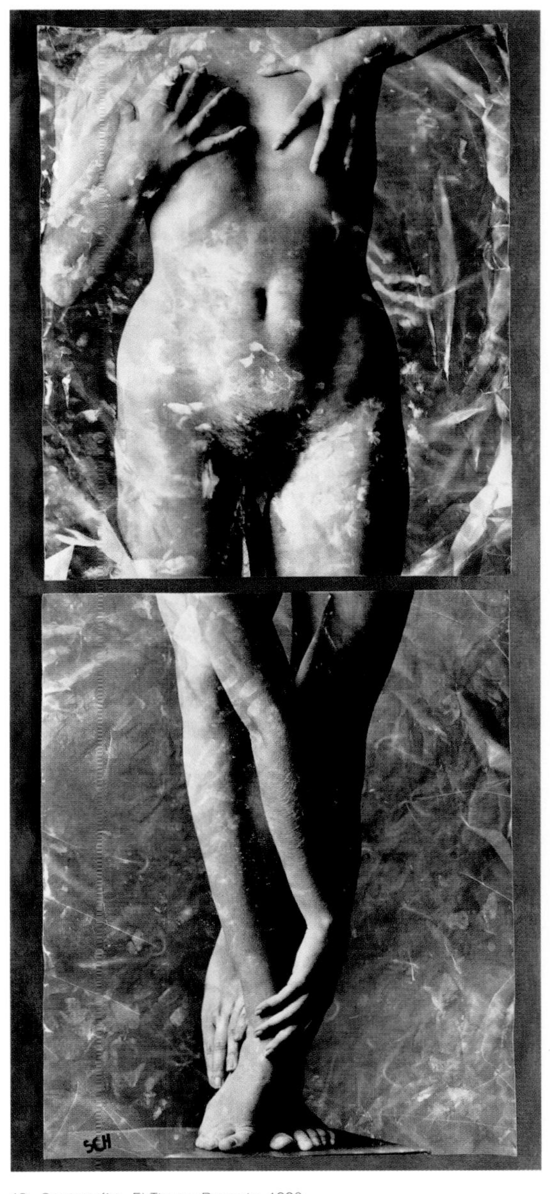

42. Cascografías. El Tiempo Presente, 1990

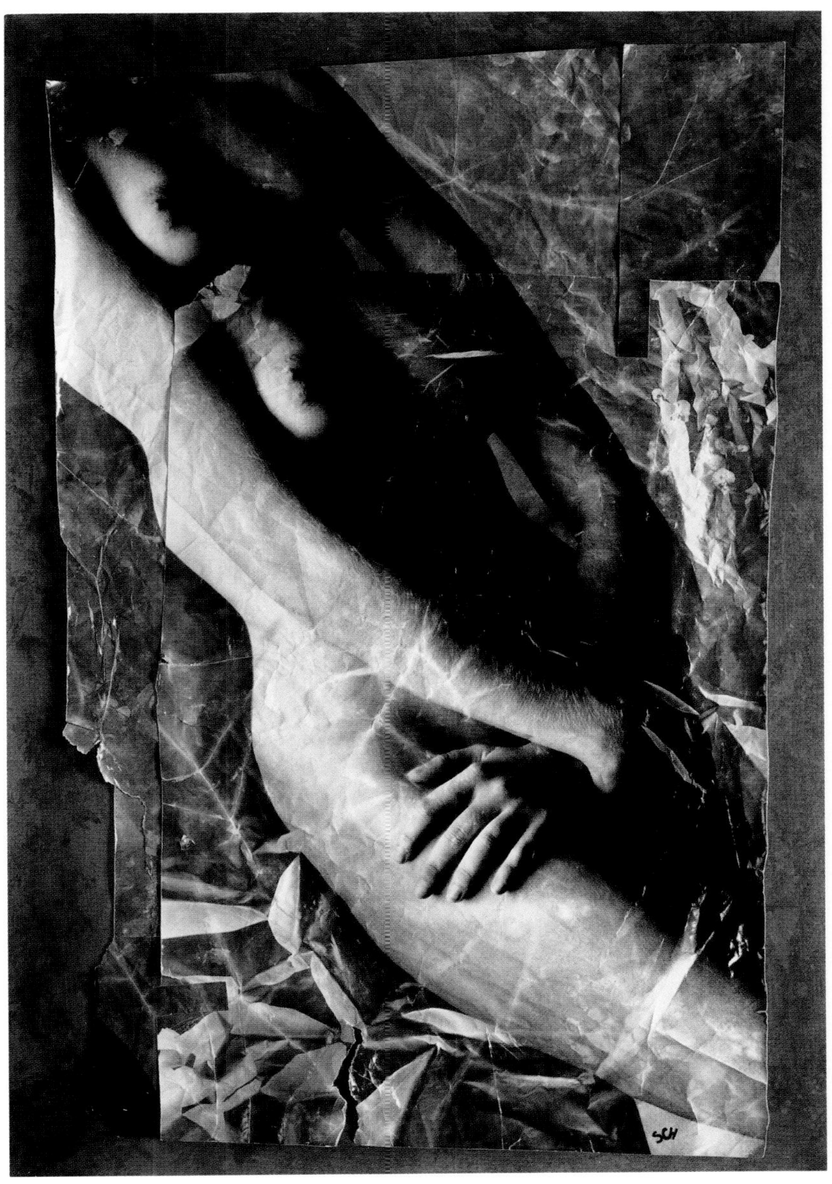

43. Cascografías. La Espera, 1990

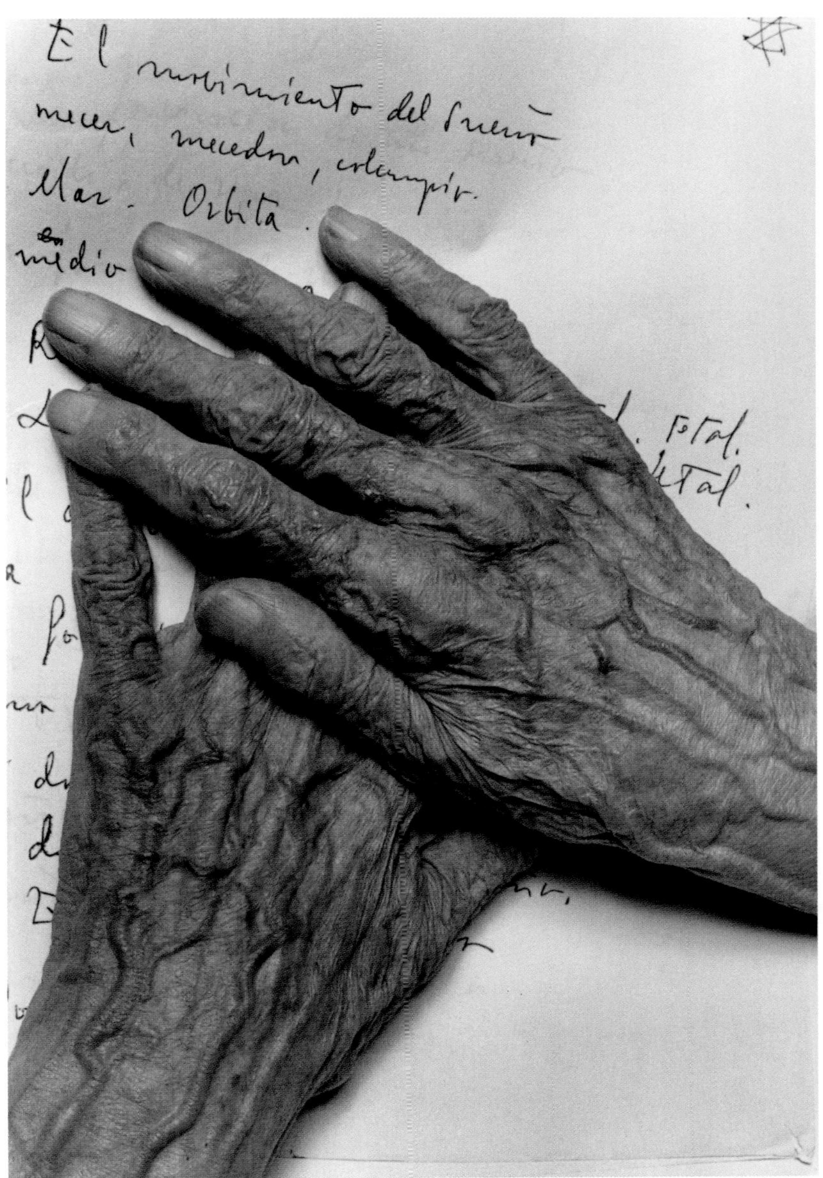

44. María Zambrano, 1991

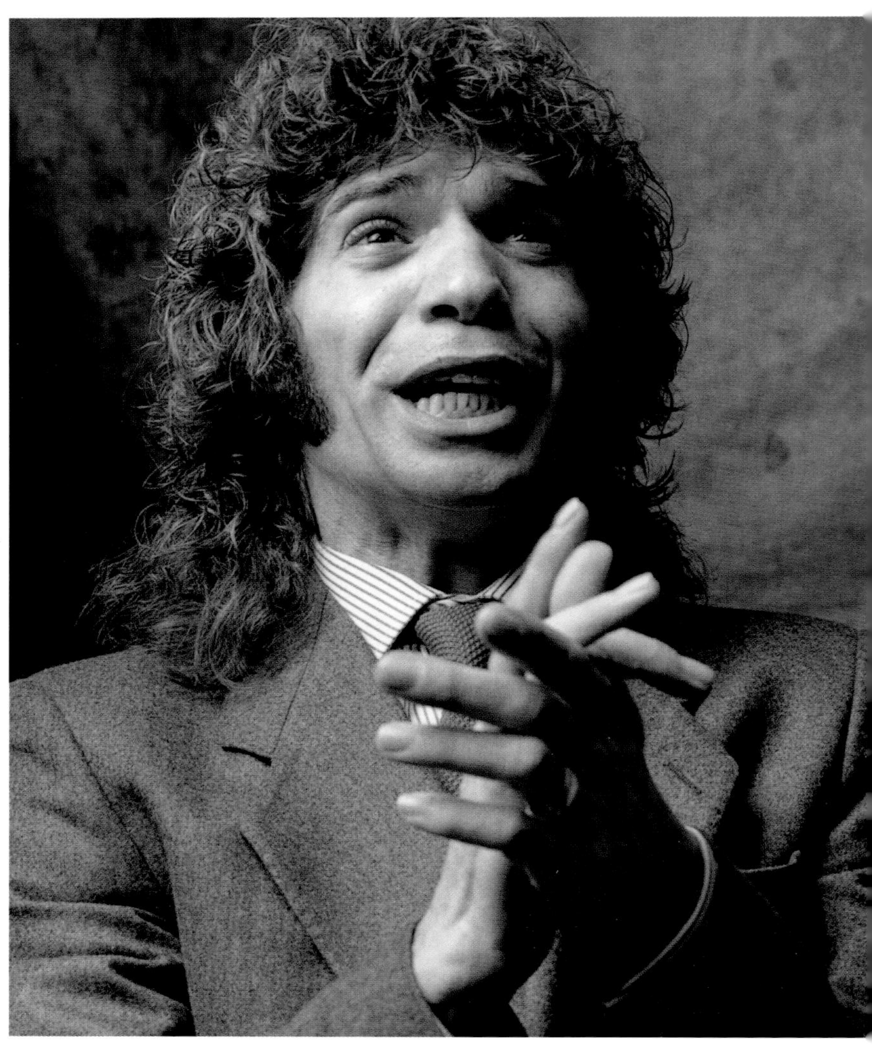

45. Camarón, 1990

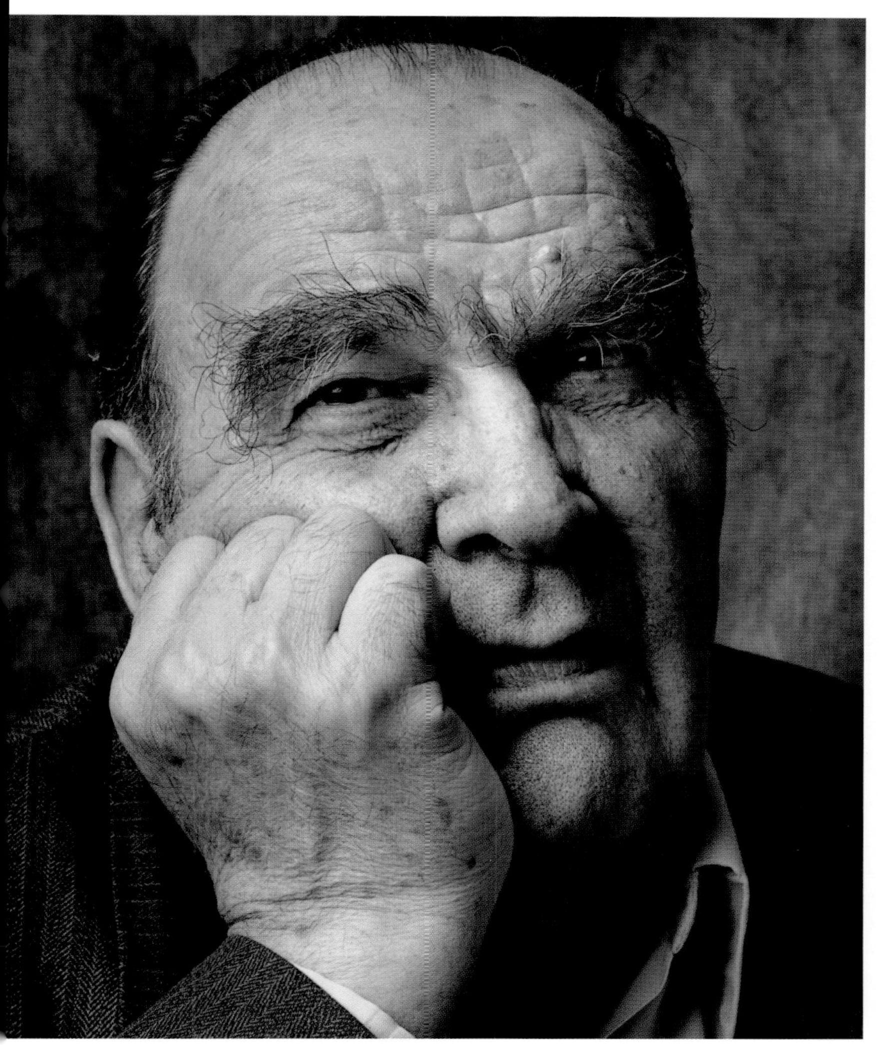

16. Enrique Líster, 1987

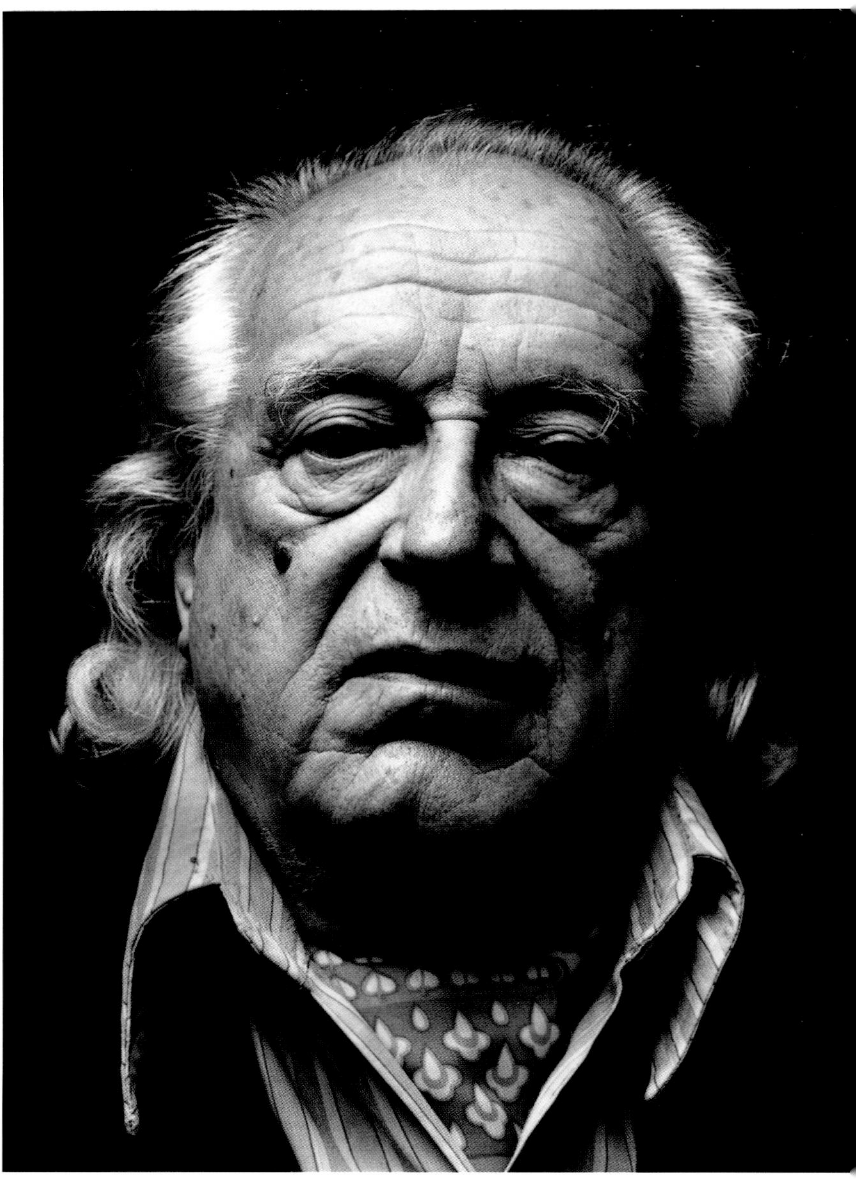

47. Serie Máscaras. Rafael Alberti, 1991

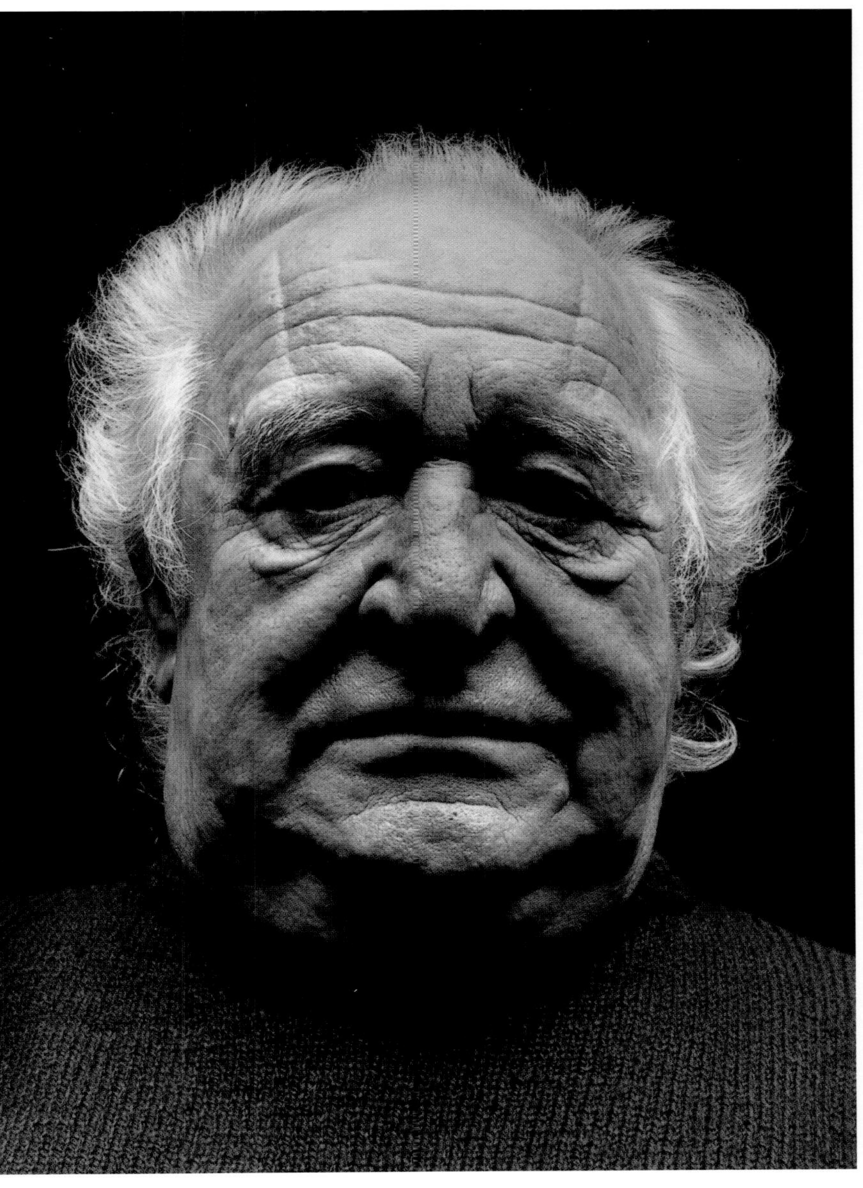

48. Serie Máscaras. Gabriel Celaya, 1991

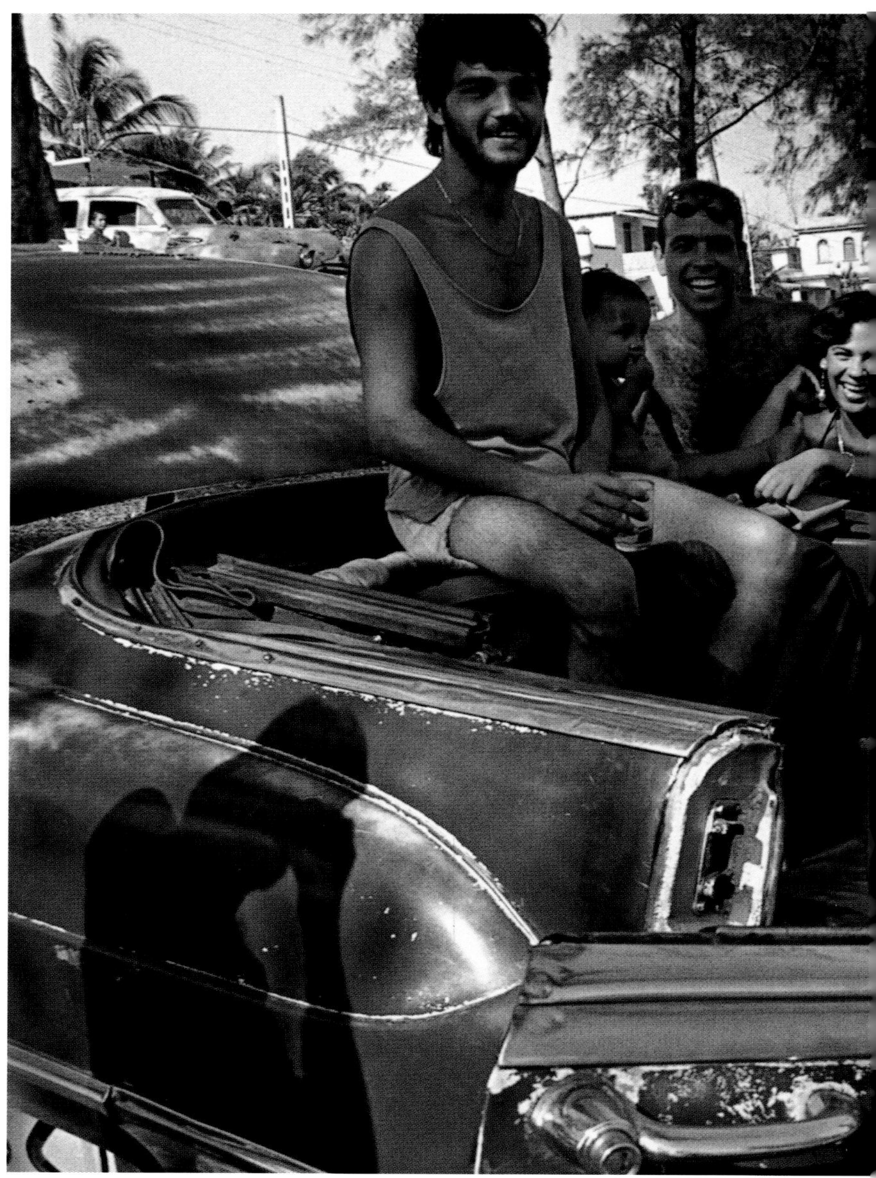

49. La Vida. La Habana, 1994

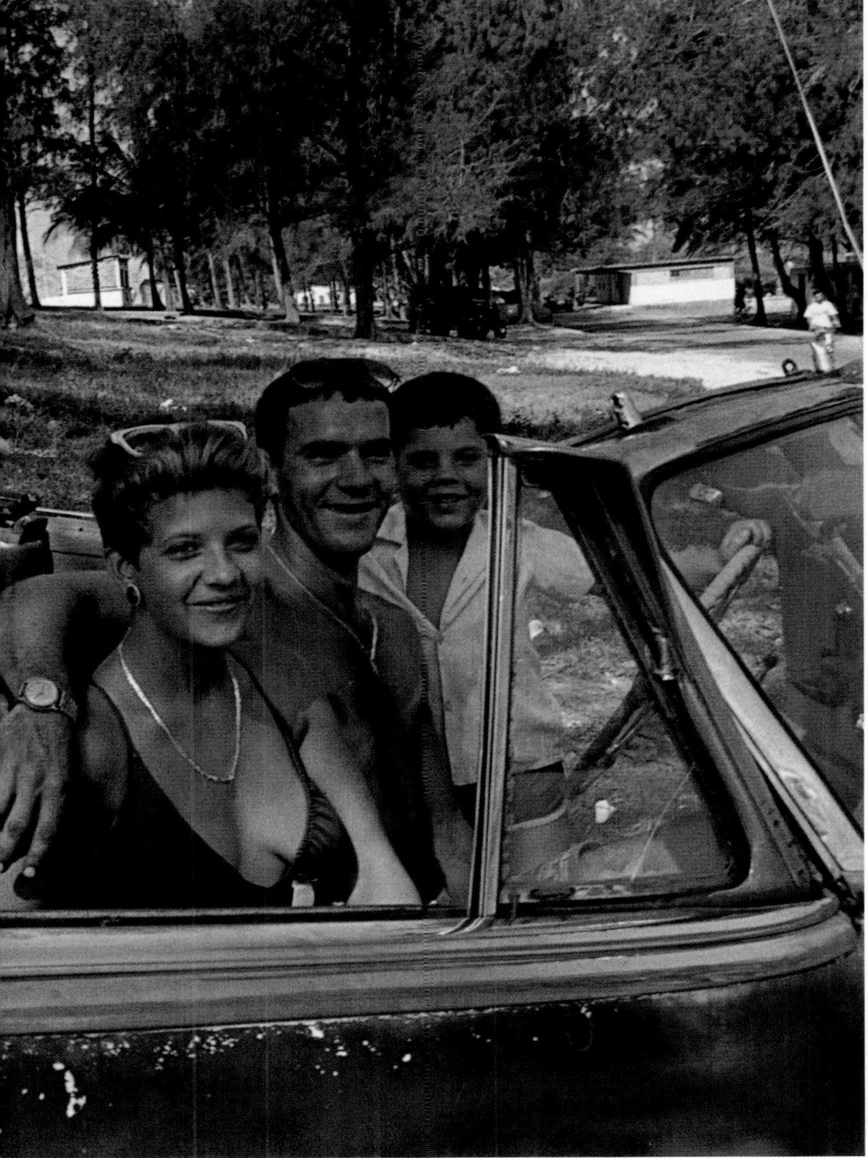

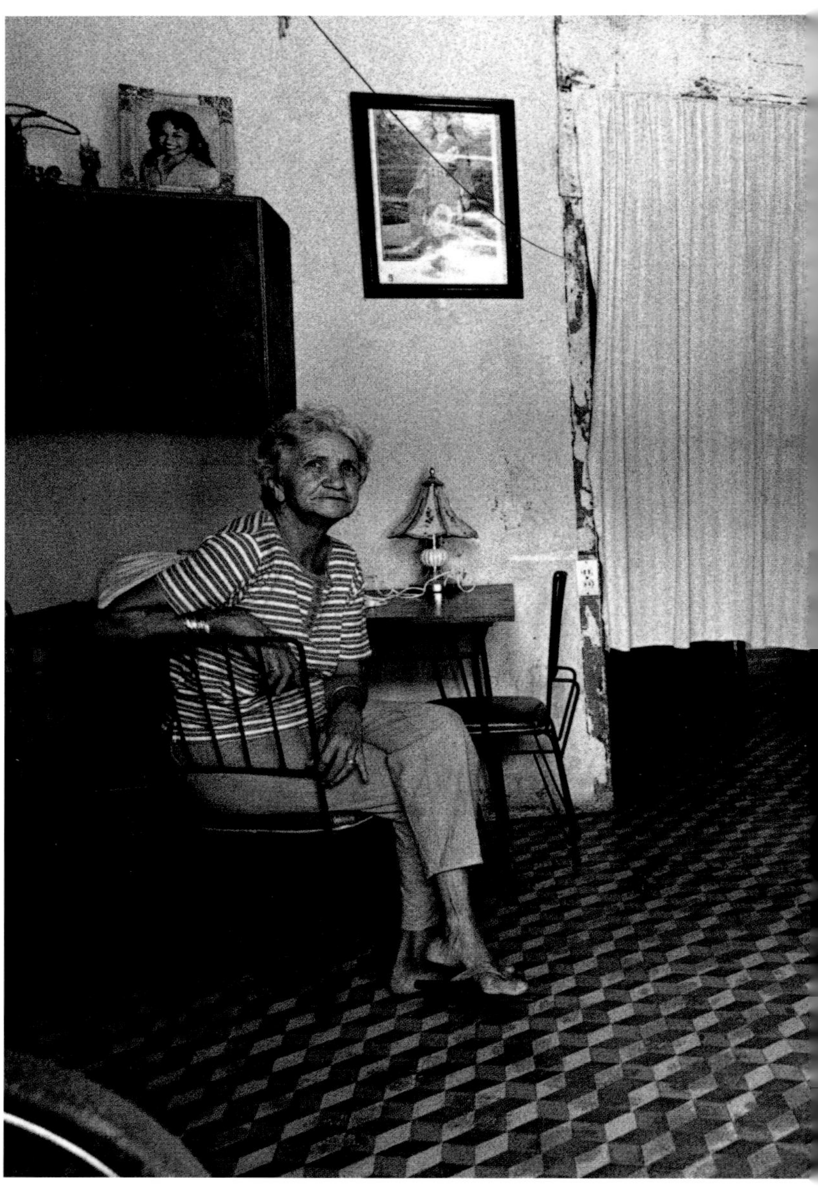

50. La Vida. La Habana, 1994

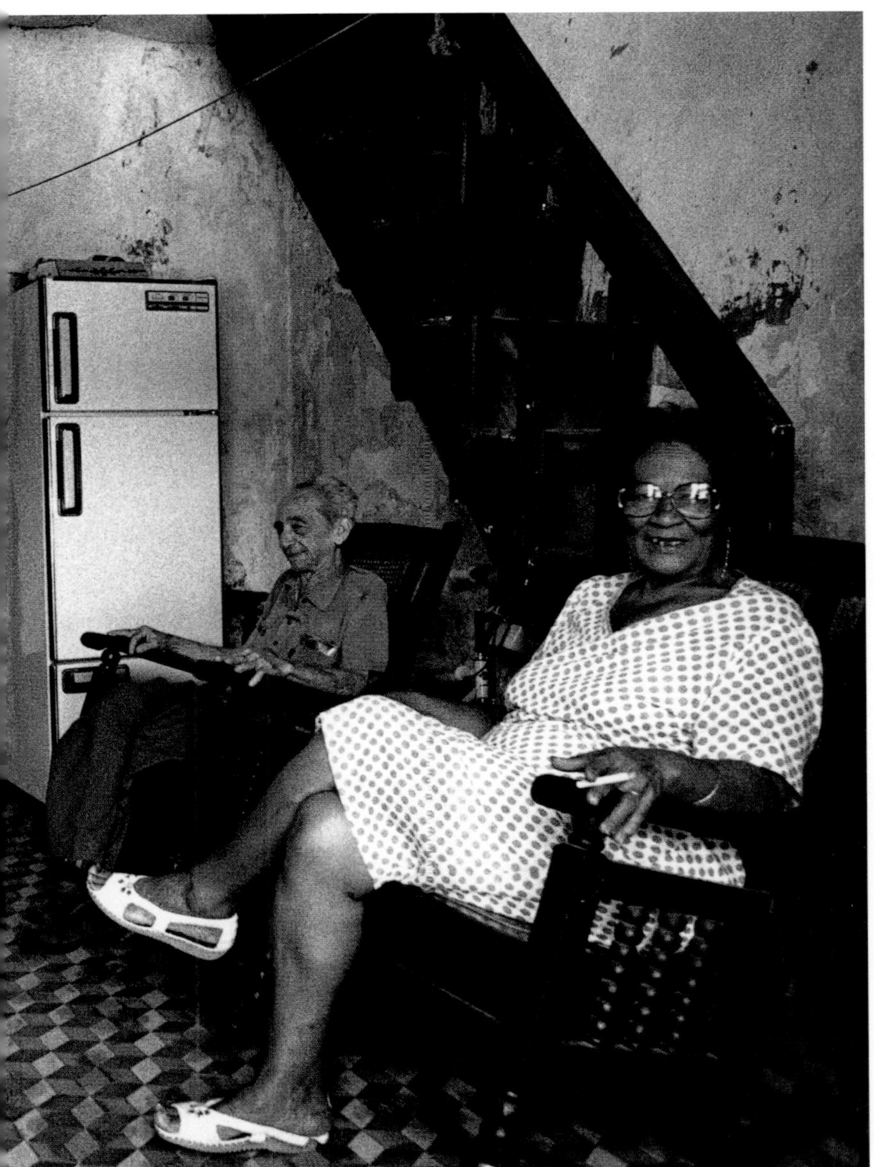

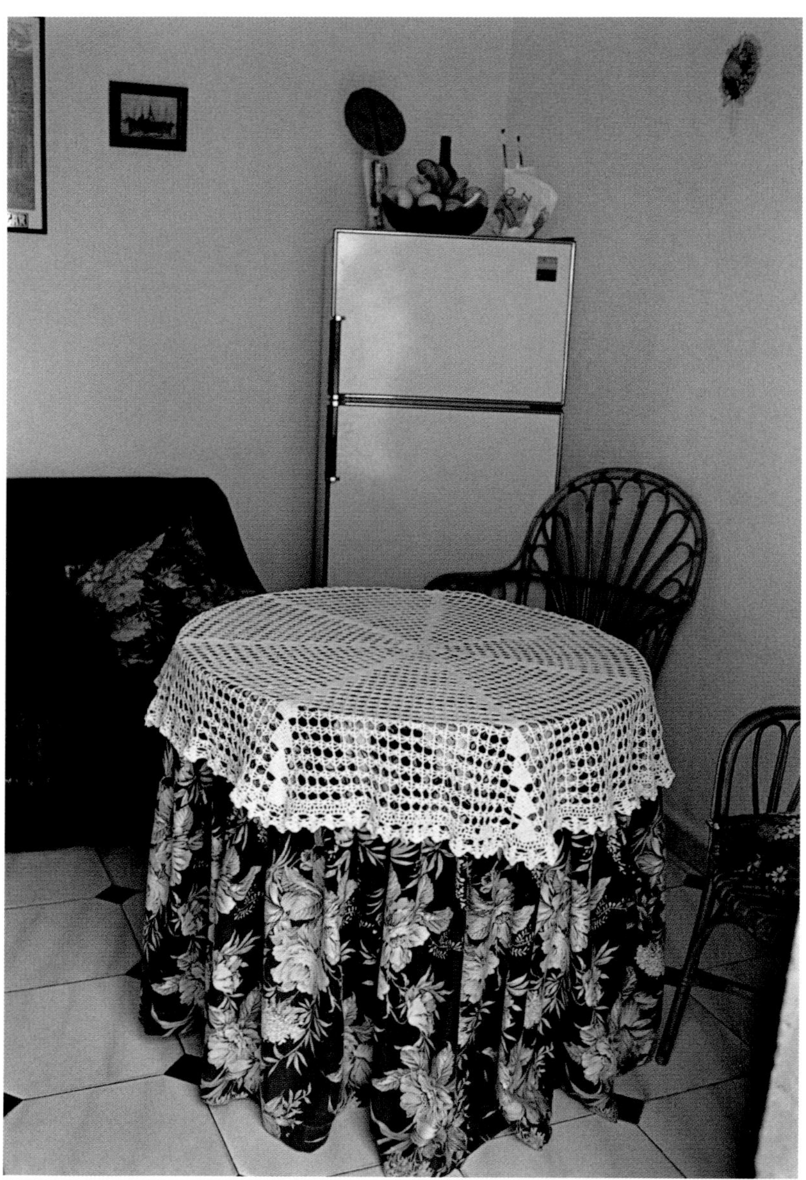

51. Flamenco, 1997

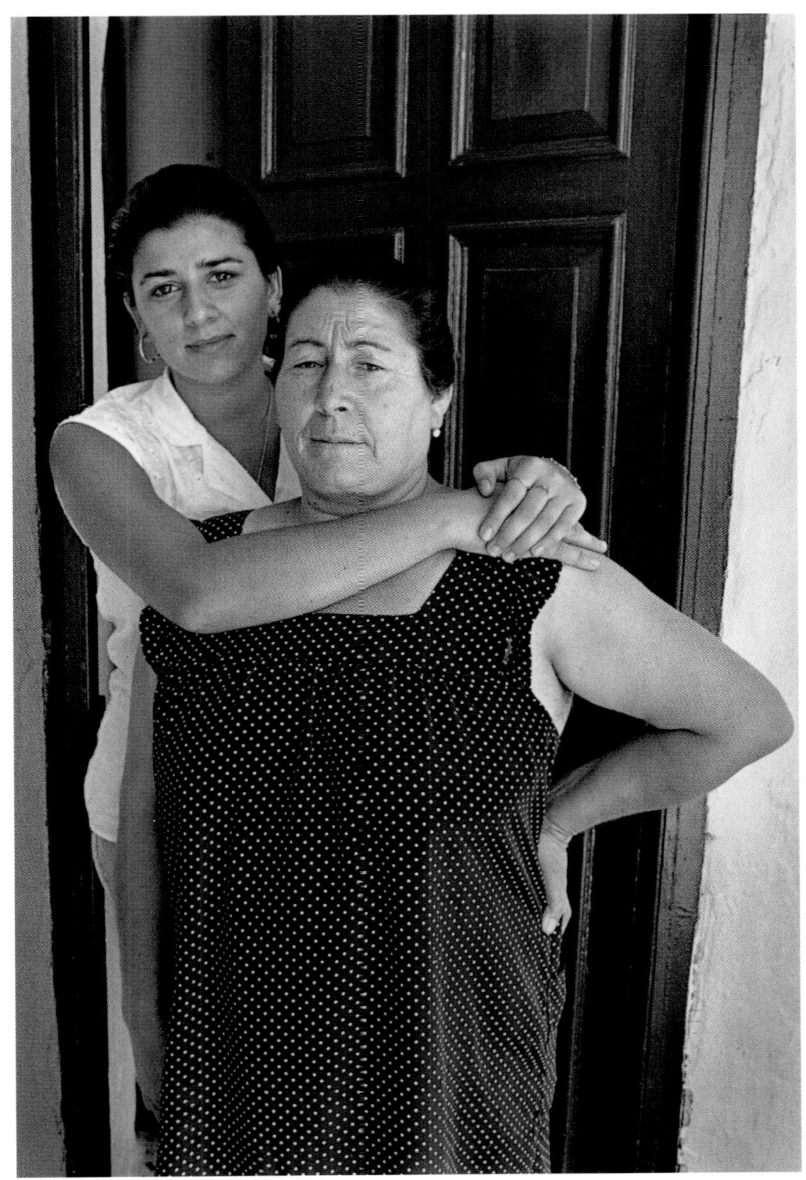

52. Flamenco, 1997

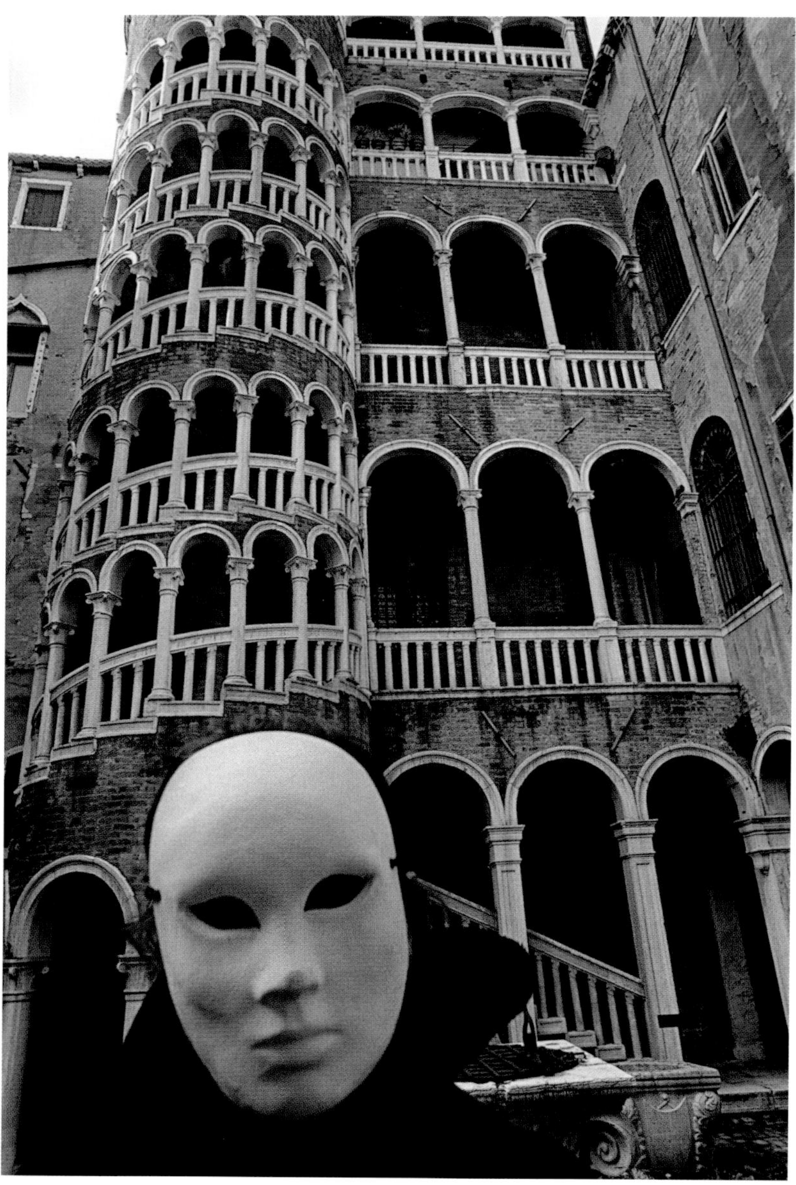

53. Venecia. Máscaras, 1996

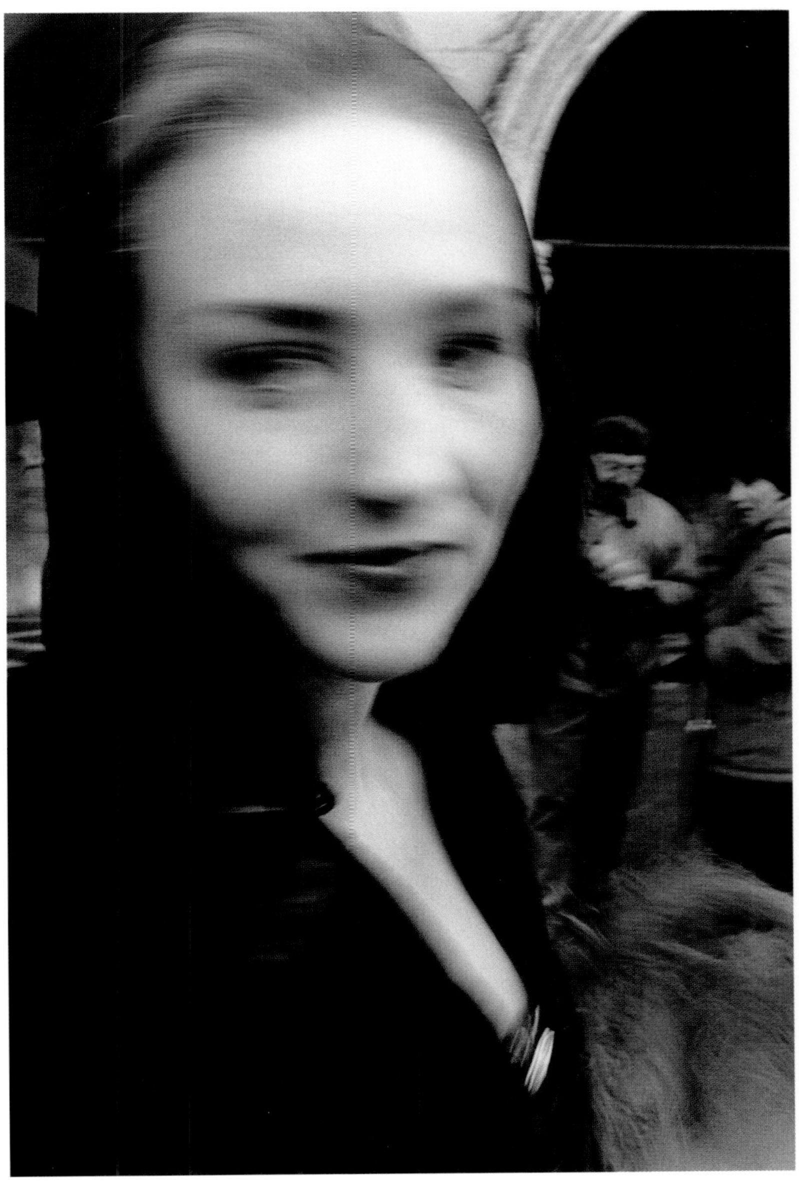

54. Venecia. Máscaras, 1996

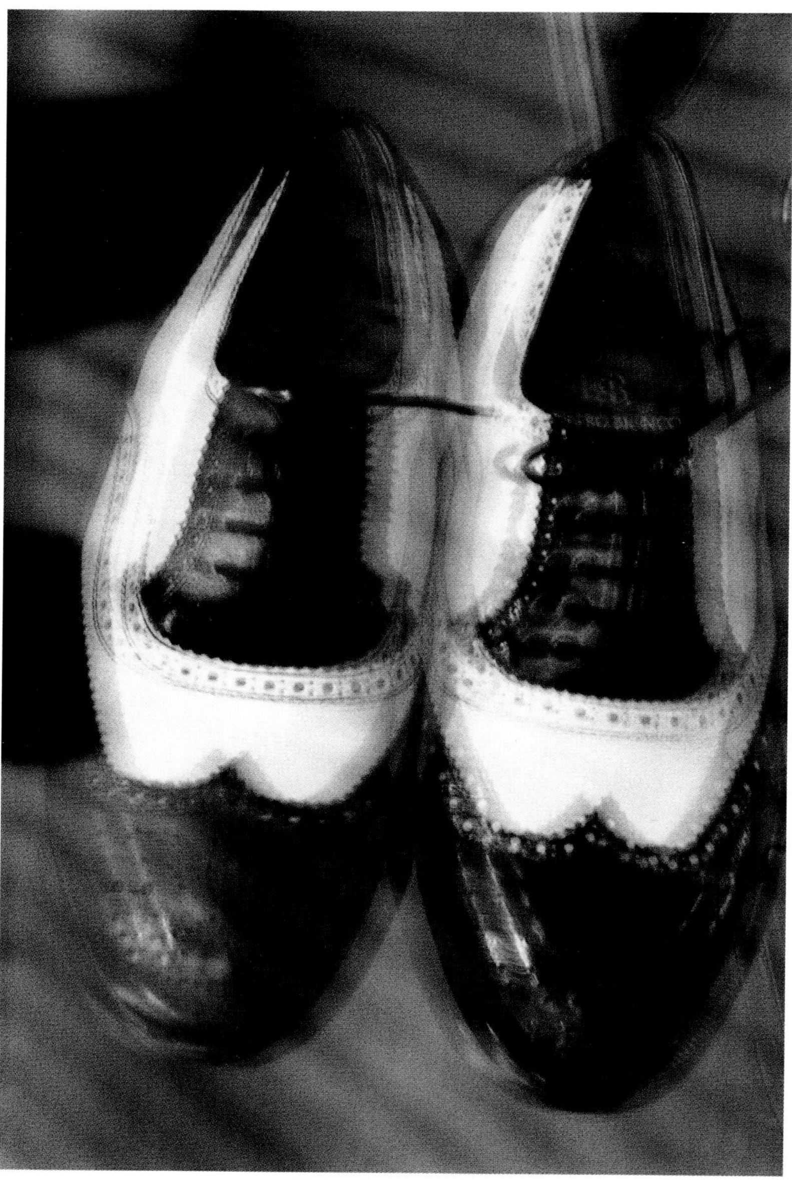

55. Vibraciones. Argentina, 2001

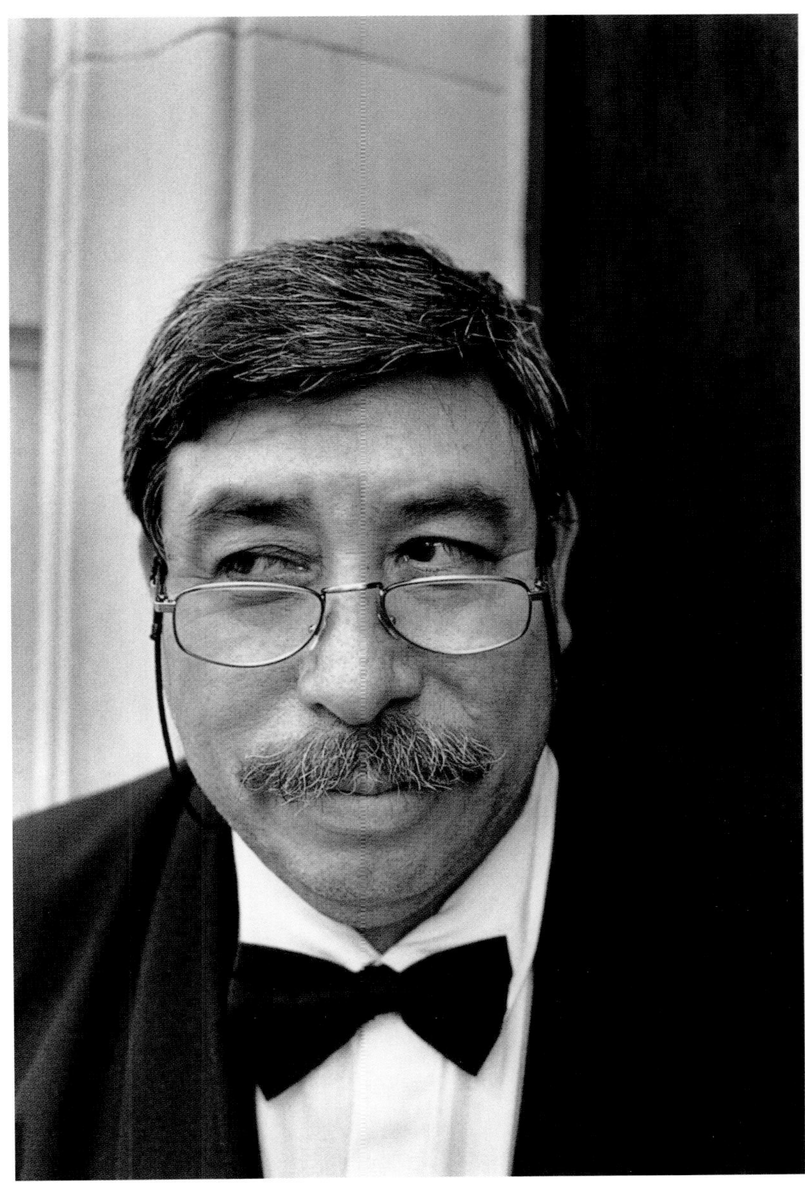

56. Vibraciones. Argentina, 2001

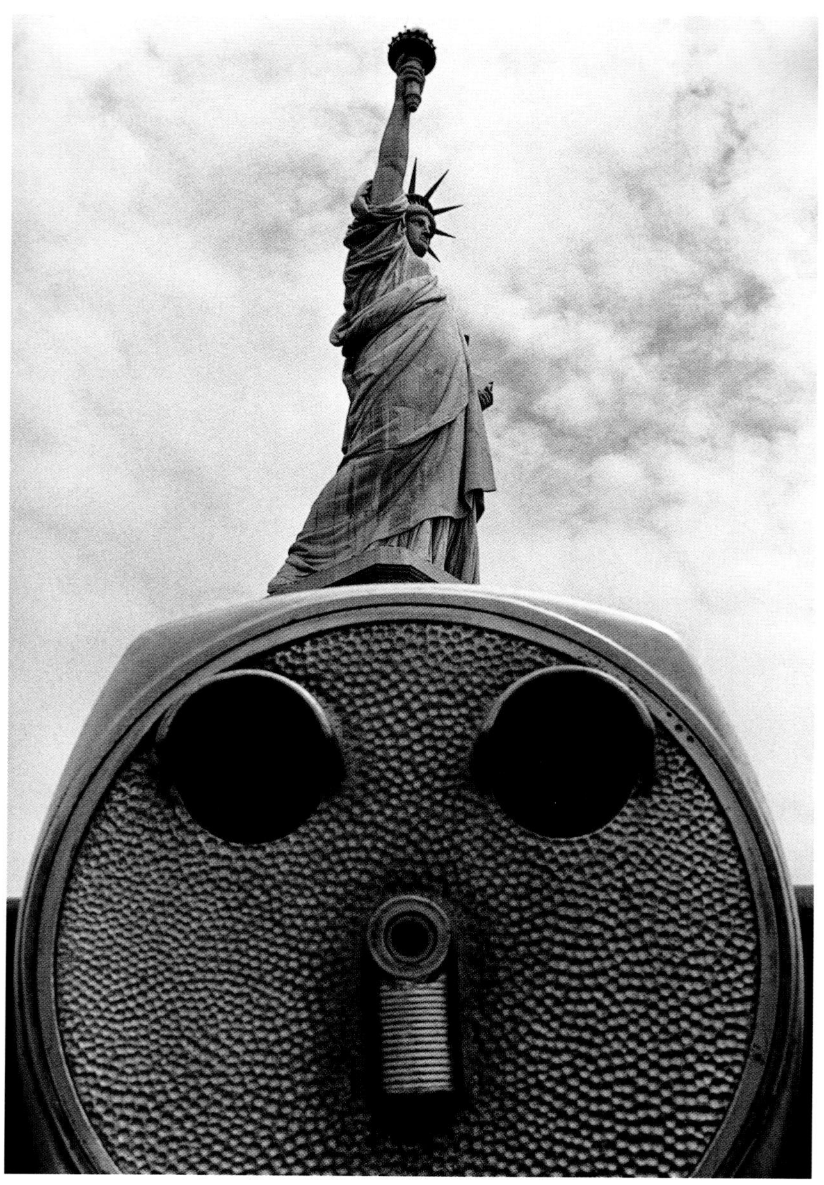

57. Roma-New York, 1996

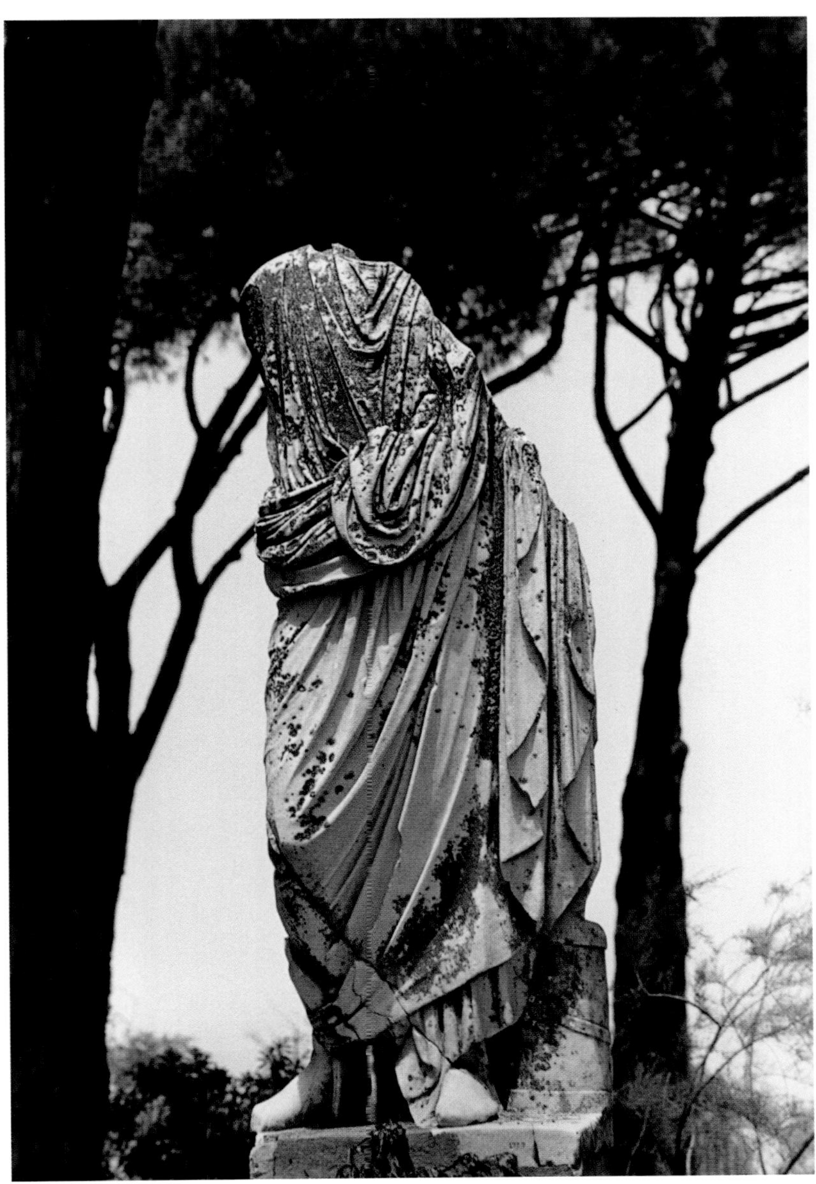

58. Roma-New York, 1996

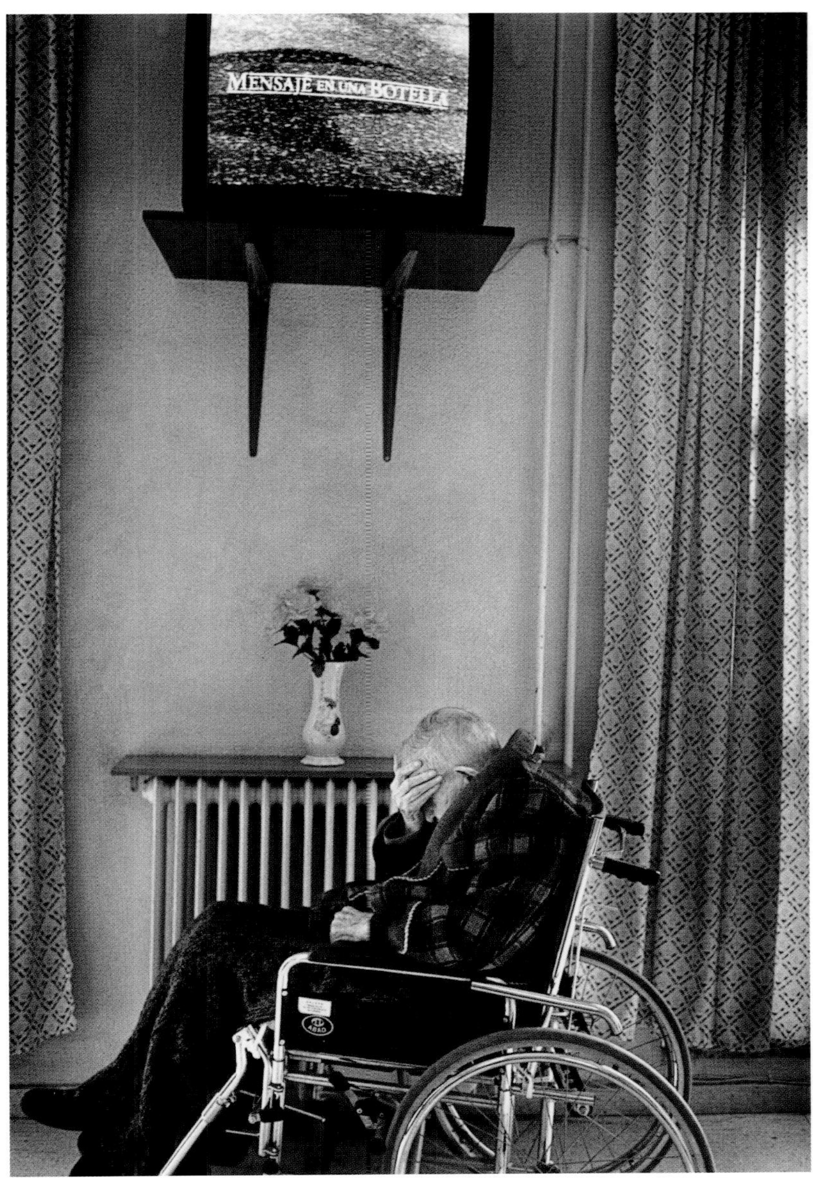

59. Autobiografía de un madrileño, 1999

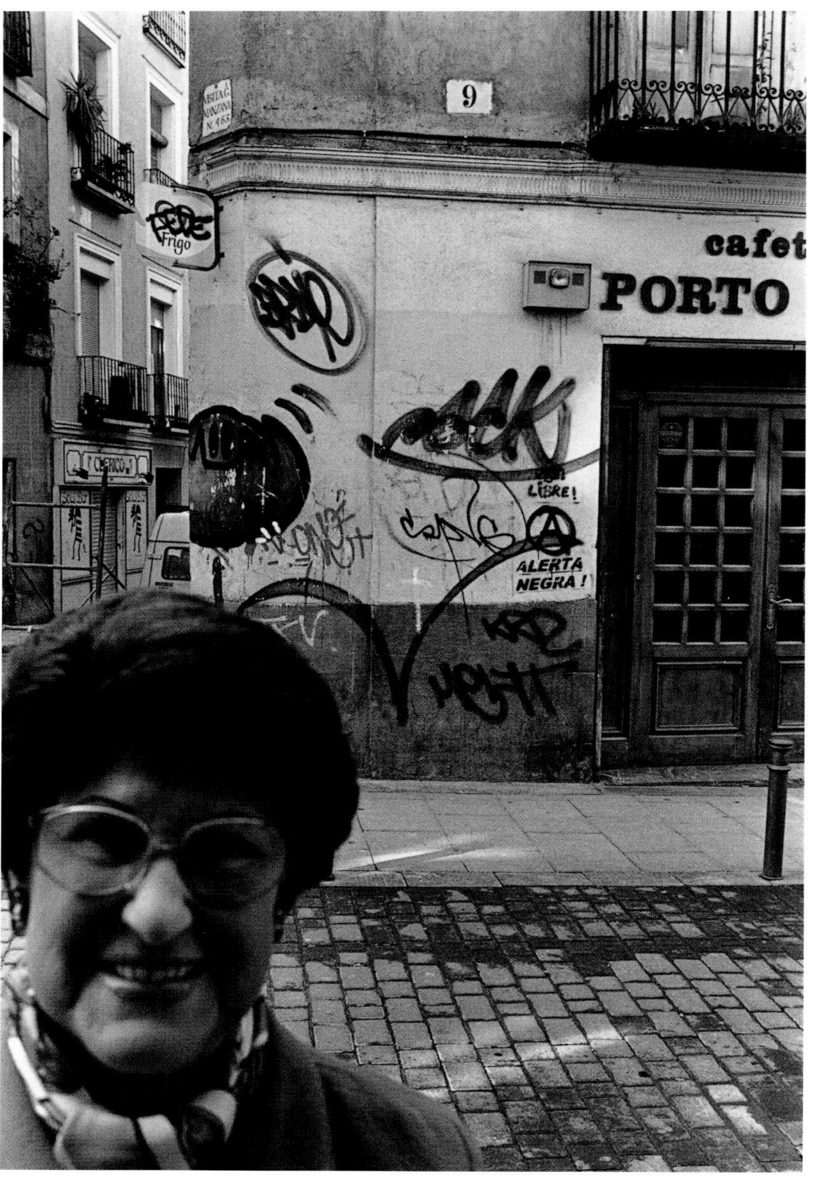

60. Autobiografía de un madrileño, 1999

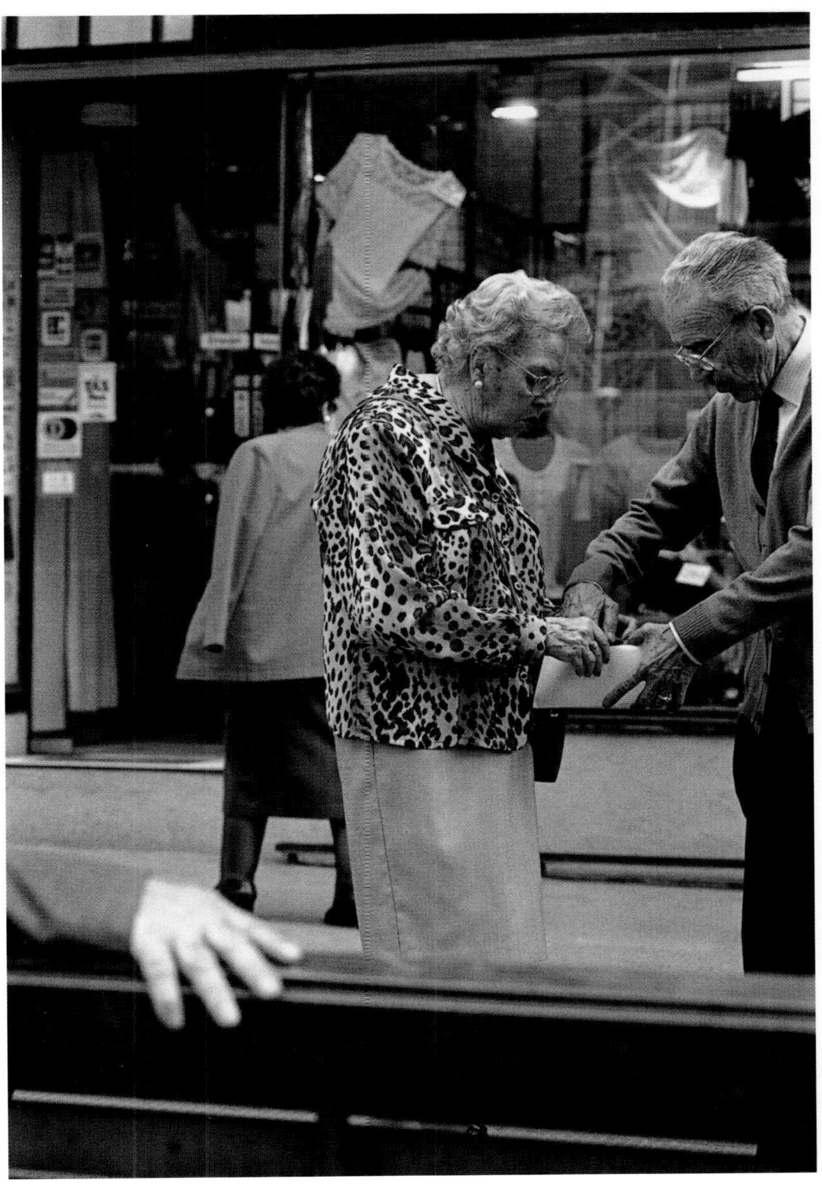

61. Autobiografía de un madrileño, 1999

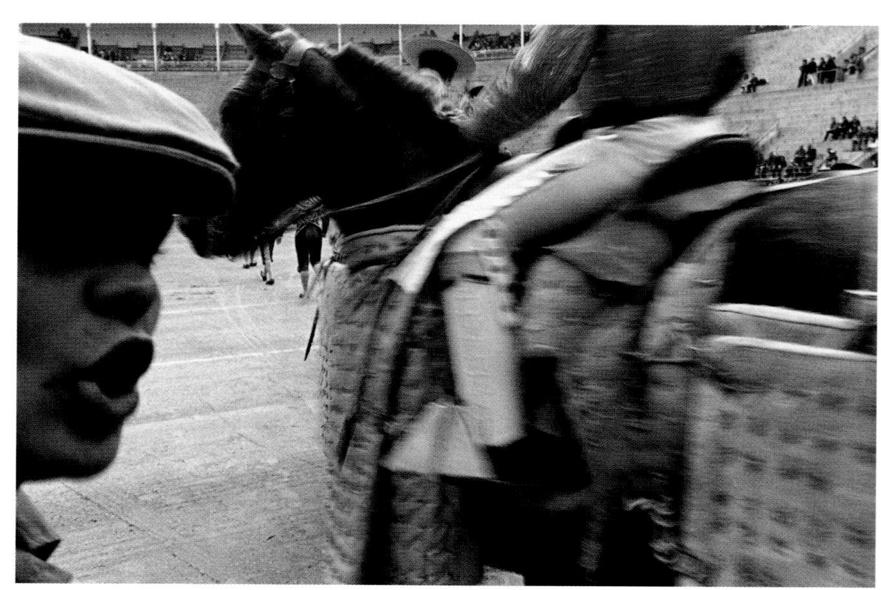

62. El Viaje, 1994

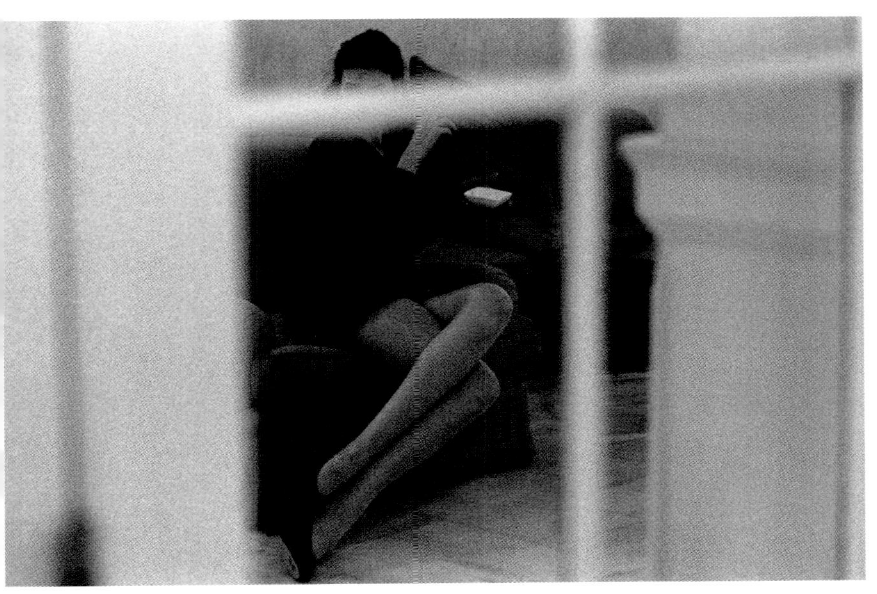

63. El Viaje, 1994

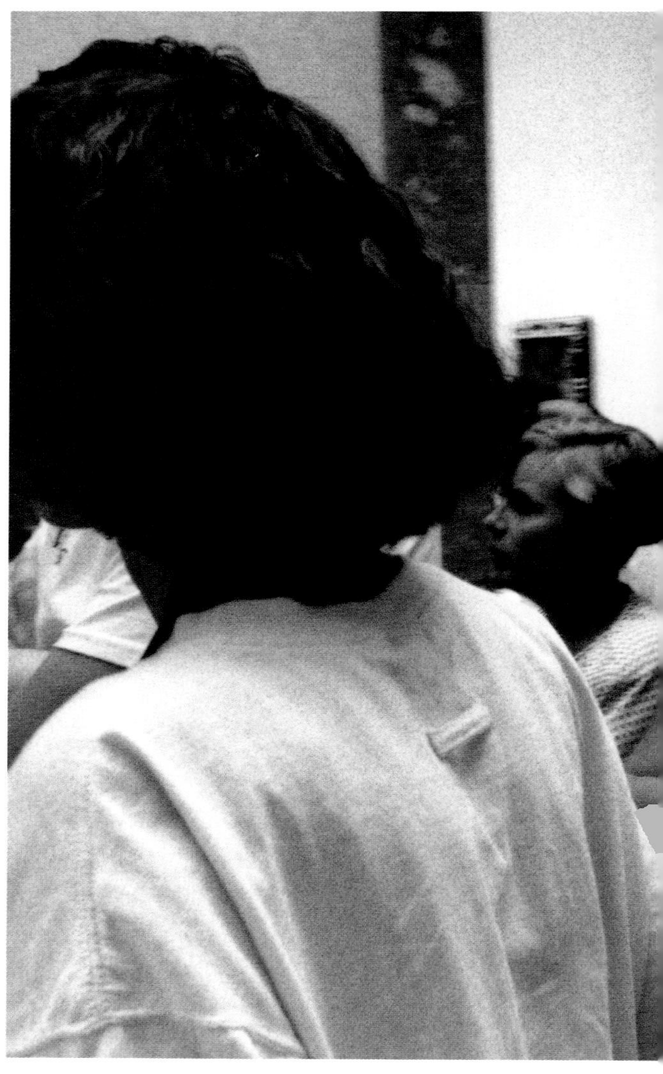

64. El Viaje, 1994

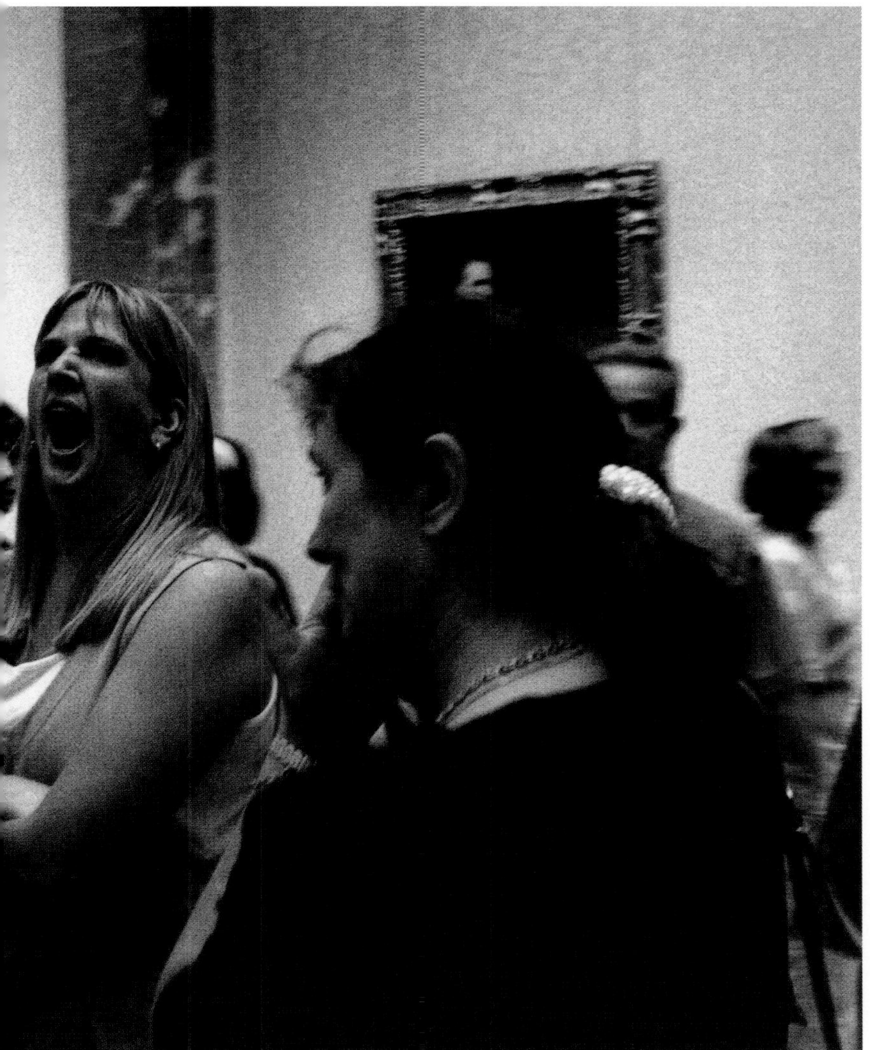

Cronología

Biografía

1928 Nace en Vitoria (España) de madre española y padre
      alemán.

1945-1951 Termina sus estudios y se dedica a la pintura que
      alterna con el cine y la fotografía, especialmente los retratos.
      Es estos años realiza cortos cinematográficos.

1952 Estudia fotografía en Hamburgo (Alemania). Practica la
      pintura.

1958 Poco a poco se decanta por la fotografía y se relaciona con
      el movimiento fotográfico AFAL. Le invitan a París a trabajar
      en Kublin, fotógrafo de moda de Balenciaga.

1959 Conoce el libro La familia del Hombre y decide dedicarse a
      la fotografía profesional.

1960-1965 Irwing Penn influye en su trabajo, que se centra en
      retratos de personalidades que visitan Vitoria. La empresa
      Huarte le encarga varios proyectos de fotografía de
      arquitectura.

1966 Se traslada a Madrid y abre estudio. Entabla relaciones con
      el colectivo ZAJ, conoce al director Walter Thompson
      y reconduce su fotografía hacia el campo publicitario.

1972 El director de ABC le encarga una serie de retratos para el
      suplemento dominical, que conforman junto con los que
      comenzó a hacer en 1969 los Retratos Psicológicos. Trabaja
      en sus series Dulce violencia y Tierra Fermentada.

1973 Colabora con la revista Gentleman, dirigida por Juan Luis
      Cebrián. Descubre la «Cascografía» manipulando y
      craquelando el papel fotográfico en distintas formas. Publica
      en la revista Nueva Lente, plataforma de la vanguardia
      fotográfica española.

1976 Comienza a colaborar con El País con series como: La
      iglesia española en levitación, Grupos políticos y Desmontaje
      del franquismo.

1978 Realiza las primeras fotografías de los Reyes de España, a
      los que sigue en sus viajes por Sudamérica, China, Irán,
      Irak, Méjico, Perú y Argentina.

1980 La Goro International Press de Tokio selecciona una
      fotografía suya para el libro La manera de ver las fotos.
      Seleccionado para el libro El Surrealismo en la Fotografía, de
      Spectrum, París.

1983 Comienza en el diario El País Doble página.

1984 Es invitado por la Universidad Internacional Menéndez
      y Pelayo de Cuenca para dar una conferencia y un taller de

retrato. Comienza una serie de bodegones para la revista
Sobremesa.

1987 Es seleccionado para el libro Un día en la vida de España.

1989 Es nombrado Académico Correspondiente de la Real
Academia de Bellas Artes de San Fernando.

1990 Se termina de editar el libro Ausencias, encargo de
Patrimonio Nacional, con su visión sobre los Palacios y los
Monasterios.

1994 El diario El País le dedica en ARCO un stand. Viaja a
La Habana donde realiza un trabajo sobre la gente de la
ciudad que llamará «La vida, La Habana». Le conceden la
Medalla de Oro de Álava.

1996 Es nombrado Académico de Número en la Real Academia
de Bellas Artes de San Fernando.

1998 Trabaja en una serie sobre los grandes museos madrileños.
Acto de recepción como Académico de Número de la
Academia de Bellas Artes de San Fernando, con el discurso
Elogio a la fotografía.

1999 Participa en el Curso de Verano de la Universidad
Complutense de Madrid en El Escorial.

2000 Publica Autobiografía de un madrileño y La pasión dorada.
Durante este año publicó en el diario El País una serie
titulada El Retrato.

2001 Su exposición antológica recorre Europa. Edita Lo eterno
sobre Egipto y el libro Madrid XXI. Termina el libro
Vibraciones. Da una conferencia en San Sebastián en la
inauguración del curso de verano del País Vasco.

2002 Publica el libro ParísBerlín y Paisajes ordenados.

Exposiciones individuales

1966 Ignacio Barceló, director de la revista Arte Fotográfico,
organiza una exposición de fotógrafos españoles en Colonia
(Alemania) y le invita a exponer.

1975 Galería Spectrum-Canon. Barcelona.

1977 Galería Altre Immagini.

1978 Invitado por Eikoh Hosoe expone en la Shaday Gallery
de Tokio y a continuación en Osaka.

1983 Expone en el Visual Studies Workshop, Rochester, Nueva
York. Expone en la Primavera Fotográfica catalana.

1985 Crea la obra Máscaras, que, junto con Fermento, expone en
la Galería Juana Mordó de Madrid.

1986 Participa en la exposición «La fotografía en el Museo», MEAC,
Madrid. El MEAC adquiere obra suya.

1987 Expone en el Museo de Arte Contemporáneo de Bilbao
y Museo de Arte Moderno de Vitoria.

1990 La colección «Civilizaciones» se expone en Alemania, en
Wiesbaden. Expone su antológica de Retratos en el Centre
Georges Pompidou de París. Expone también su obra
«Cascografía» en la Galería Céramo de Vitoria.

1991 Expone en el Museo Nacional Centro de Arte Reina Sofía
de Madrid en la exposición «Cuatro direcciones».

1992 Expone en Berlín en la Galería Salander-O'Reilly junto a
Willem de Kooning.

1993 Fotobienale en Enschede. Exposición «Imágenes
encontradas» en Trento y en el Museo de San Telmo de
San Sebastián.

1995 Expone en el Círculo de Bellas Artes de Madrid sesenta
obras del libro El Viaje.

1998 En PHotoEspaña exhibe una muestra de «La vida en los
museos», en el Museo Thyssen que adquiere la obra.

1999 Inicia su exposición «Flamenco» (itinerante).

2000 En PHotoEspaña expone en la Galería Nájera una selección
de «La vida. La Habana». Expone «Shanghai. El Futuro»
en Vitoria y San Sebastián.

2001 La exposición antológica recorre Europa: Bruselas, Bratislava,
Praga y Tel Aviv en el Museo de Arte Contemporáneo.

2002 Expone en el Puerto de Valencia su antológica.

2003 PHotoGalería, Madrid.

Exposiciones colectivas

1963 Expone en SONIMAG, Barcelona, junto al grupo de fotógrafos
catalanes.

1967 Seleccionado (único representante de España) en la
Expo-67, Montreal (Canadá). Posteriormente viajará a
Photokina Colonia.

1984 Participa en la exposición «259 imágenes. Fotografía actual
en España», en el Círculo de Bellas Artes de Madrid.

1988 Exposición colectiva en el Center for Creative Photography,
Tucson (Arizona).

1989 Con motivo del 150 Aniversario de la Fotografía, la Sociedad
fotográfica de Japón le invita, junto a otros catorce
fotógrafos de todo el mundo, a los actos de Tokio.

1993 Foto Biennale en Eschede, exposición colectiva en la que
      Schommer es invitado especial.

Bibliografía

1975 Las fotos psicológicas. Nueva Lente, Madrid.

1978 El grito de un pueblo (primer libro de la trilogía sobre el
      pueblo vasco). Ediciones Vascas, San Sebastián.

1978 Los Reyes viajan. Difusora Internacional, Barcelona.

1979 Álava abierta (segundo libro de la trilogía sobre el pueblo
      vasco). Caja Provincial de Álava.

1986 La Corona española frente al Mundo. Plaza y Janés,
      Barcelona.

1988 Así es Madrid. Editorial Planeta, Madrid.

1989 Retratos 1969-1989. Lunwerg Editores, Barcelona.

1990 Bizkaia Profunda (Tercer libro de la trilogía sobre el pueblo
      vasco). Diputación Foral de Bizkaia, Bilbao.

1991 Fascinación. Lunwerg Editores, Barcelona.

1993 La búsqueda. Turner, Madrid.

1993 El Viaje. Turner, Madrid.

1994 La Vida. Turner, Madrid.

1996 RomaNewYork. Turner, Madrid.

1996 Documentos. El País, Madrid.

1996 Máscaras. Turner, Madrid.

1997 Flamenco. Caja de Granada, Granada.

1998 El Museo Vivo. Museo Thyssen-Bornemisza, Madrid.

2002 ParísBerlín, Lunwerg Editores, Barcelona.

2002 Paisajes ordenados. CF, Madrid.

Vicente Verdú

Nace en Elche (Murcia) en 1942. Licenciado en Ciencias Económicas y Periodismo por la Universidad Complutense de Madrid, este escritor, periodista y crítico antropólogo-cultural se preocupa en su trabajo como columnista en El País de toda noticia relacionada con el mundo laboral, la economía y las nuevas relaciones humanas en la era Internet. Autor de «Señoras y señores» (Espasa,1998), con el que fue galardonado con el premio Espasa Calpe de Ensayo, «El Éxito y el Fracaso» (Temas de hoy, 1991) o «El planeta americano» (Anagrama, 1996 , premio Anagrama en 1997, ha recibido varios galardones que premian su labor como periodista: el Miguel Delibes (1997) y el González-Ruano (1997).

Born in Elche (Murcia) in 1942. A graduate in Economics and Journalism from Madrid's Universidad Complutense, this author, journalist and anthropo-cultural critic is a regular columnist for El Pais where he writes on the world of work, the economy and new human relations in the Internet Era. Author of «Señoras y señores» (Espasa, 1998), for which he was awarded the Espasa Calpe Essay Prize, «El Éxito y el Fracaso» (Temas de Hoy, 1991) and «El planeta americano» (Anagrama, 1996), which won the Anagrama Prize in 1997, he has received several awards for his work as a journalist including the Miguel Delibes Prize (1997) and the González-Ruano Prize (1997).

Alberto Schommer
The poem of seeing

Vicente Verdú

If Alberto Schommer had not been a photographer, he would have been a writer. More specifically, a writer of verses. Looking closely at his work, however, we find he has not lost the chance to be either one or the other, and has invented instead a splendid photopoetic combination. No one who contemplates a Schommer photograph would ever believe it could be mistaken for a "snapshot". Yes, his photographs are made with a "click" and appear as if by magic. Yes, they say that developing film captures an instant of life and makes it a trophy that fills us with wonder. All of this is true referring to photographic technique in general, and particularly to the miracle of an invention that captures time. Today, however, with artists like Schommer, the camera no longer stops time, it unleashes it. It does not freeze time, but propels it forward on an exciting adventure. In other words, every shutting of Schommer's lens simultaneously opens up a great story, a prolonged meditation, a broad field for the imagination to soar unbound.

This is what creation means. The artist who does not create only constructs. The photographer who is not an artist only records a view. A good photographer reveals, and a great photographer goes beyond revealing and transports cognitive intention to fresh realms of exploration. But that is exactly the poet's function. The verses of a good poem spring forth like a revelation, but then demand a time of reflection, the chance to settle in so they can expand and lead us.

A poet achieves all of this two ways: by working and just because. It is essential to work, to hone one's concentration, to spur one's insight so it penetrates the cracks of knowledge. Almost anyone can learn about a subject, but not everyone can get to know it. One has to work delicately to reach the hidden seam and, once there, have the skill needed to mine its essence. Locating knowledge is an arduous task reserved only for poets, be they writers, singers or photographers. But how can the essence be extracted without being spoiled and, harder still, how can it be shown? How can one capture it and later convey it? That is the just because. Because God wills.

If Schommer is a great explorer of what is invisible to the naked eye, he is also an extraordinary communicator of his findings. Because God so wills. Schommer is no miser, keeping his discoveries to himself. Aleixandre used to say that the poet who chose to write for himself would die for lack of an audience. Schommer is not only alive and an incorrigible vitalist, but aspires to endow everything with life. Unlike the artist driven to suicide for want of an audience, he is constantly thinking about his goal, pondering the spectator to be seduced and the public effect he wants to produce.

In some series, Schommer's art of provocation confirms this desire for total communication and the true artist's primary need to find an interpellant. Schommer talks to the subjects to be photographed and awakes in them the power of speech, so they can converse endlessly with the beholder once the negative is developed, unlocking the persuasive force of their festive clarity.

For this reason, Schommer's works, in one way or another, with this or that format, are eloquent creations. They always have something to say; they never cease to gesticulate and talk. They are stories, not just snapshots; they are tales, poems, and literature rather than the simple impregnation of sight. Indeed if Schommer had employed only sight for his photography, we would have lost a very characteristic dimension and a large part of their vividness. Schommer listens to the subject he is going to portray before deciding. He looks at his subject but he also absorbs it. He observes it but also prowls round it. Photos of Schommer's personages reproduce this sensual contact with the subject, and also, when relevant, with the object itself. Rather than capturing knowledge with his mind, Schommer brings his senses into play. This is why his work is full of emotion.

However much time passes for his works, the loving concoction into which his photographs are converted goes on releasing aromas and passions as though no Schommer subject could ever die. Some photographers kill as soon as they shoot. Some photographs are born to document the dead. Precisely the opposite happens with Schommer's collections. His warehouse of negatives is bustling with live, speaking, palpitating beings, because his photography has launched them upward not downward. They have been propelled toward eternity, not the tomb.

The reason lies in the way he gains his knowledge of the subject or object. When an artist begins his work he can easily err by putting the treatment chosen out of focus. A novelist, a poet, a painter or a photographer who fails to focus well, ruins the image and, even worse, its crucial meaning. To achieve the exact viewpoint requires a good aim. But the artist must then act with sufficient precision and delicacy not to waste or spoil the object being shot. This exercise obviously demands a very special sensitivity. Removing the soul of things is the ultimate operation in creative surgery. To obtain the soul of things without killing them or drying them out; to make its capture a romantic robbery rather than an expoliation. That is the artist's ideal. Because capturing someone's heart by making them fall in love is not to remove their heart but to revitalise it. And capturing the spirit of what is photographed without making it die is to fertilise it. Hence the numerous people, places, cities, trees or monuments that have been given a double life by Schommer's intervention. No element remains the same after being touched by Schommer's camera because everything gains in relevance or is even raised, at times, to a symbolic category. The artist is the first to be disturbed by this, overcome by his intent and perhaps even alienated from the result; proof that his work has acquired its own life and that the artist was right to let it flow.

There is another thing that Schommer does. People or landscapes not only receive their own inner life but they also tend to act. This is the second contribution of his unmistakable photography. No one remains still or framed on a Schommer plate. No one, not even sculptures or stones, becomes objectivised. Schommer's lens is subjectivising. It metamorphoses what it frames into a narration, converts the scene of a person into a biography that looks both forward and back and elevates a gesture to the dimension of a poem. The man in the photograph looks out shyly, but behind his glance there is a process going on. And during the process this man with glasses has lunch, earns money, fights with his wife, goes to a bullfight, takes a trip, listens to flamenco, has a mistress and suffers a heart attack or two.

Schommer's work is an entire life. The life he has given to art, of course, but also something more. With his photos Schommer has produced a second human collective with its cities, parks, dances, leaders, bishops, children and ghosts. A universe which will always stand as the testimony of an artist who gave his work countless doses of love and poetry and endless ways to see and tell it.

Editado por / Published by:

LA FÁBRICA

Esta colección es posible gracias a la colaboración
de Obra Social de Caja Madrid / This collection is made possible
thanks to the collaboration of Obra Social de Caja Madrid

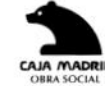

Director de la Biblioteca de Fotógrafos Españoles / Series editor:
Chema Conesa

Coordinadores del volumen / Volume coordinators:
Peio Hernández

Diseño original / Original design:
Fernando Gutiérrez @ Pentagram

Exposición / Exhibition:
PHotoGalería
Verónica, 9
28014 Madrid

Fotomecánica / Photomechanics:
Lucam

Impresión / Printer:
Brizzolis

Copyright de las imágenes / Image copyright:
Alberto Schommer

Copyright del texto / Text copyright:
Vicente Verdú

Traducción de los textos / Text translation:
Susan Coobs

Copyright de la presente edición / Present edition copyright:
La Fábrica

La Fábrica
Alameda, 9
28014 Madrid
Tel.: 34 913 60 13 20
Fax: 34 913 60 13 22
www.lafabrica.com
e-mail: lafabrica@lafabrica.com

El editor agradece la colaboración a

ISBN: 84-95471-53-1

Depósito legal:
M-38367-2002

Impreso en España / Printed in Spain

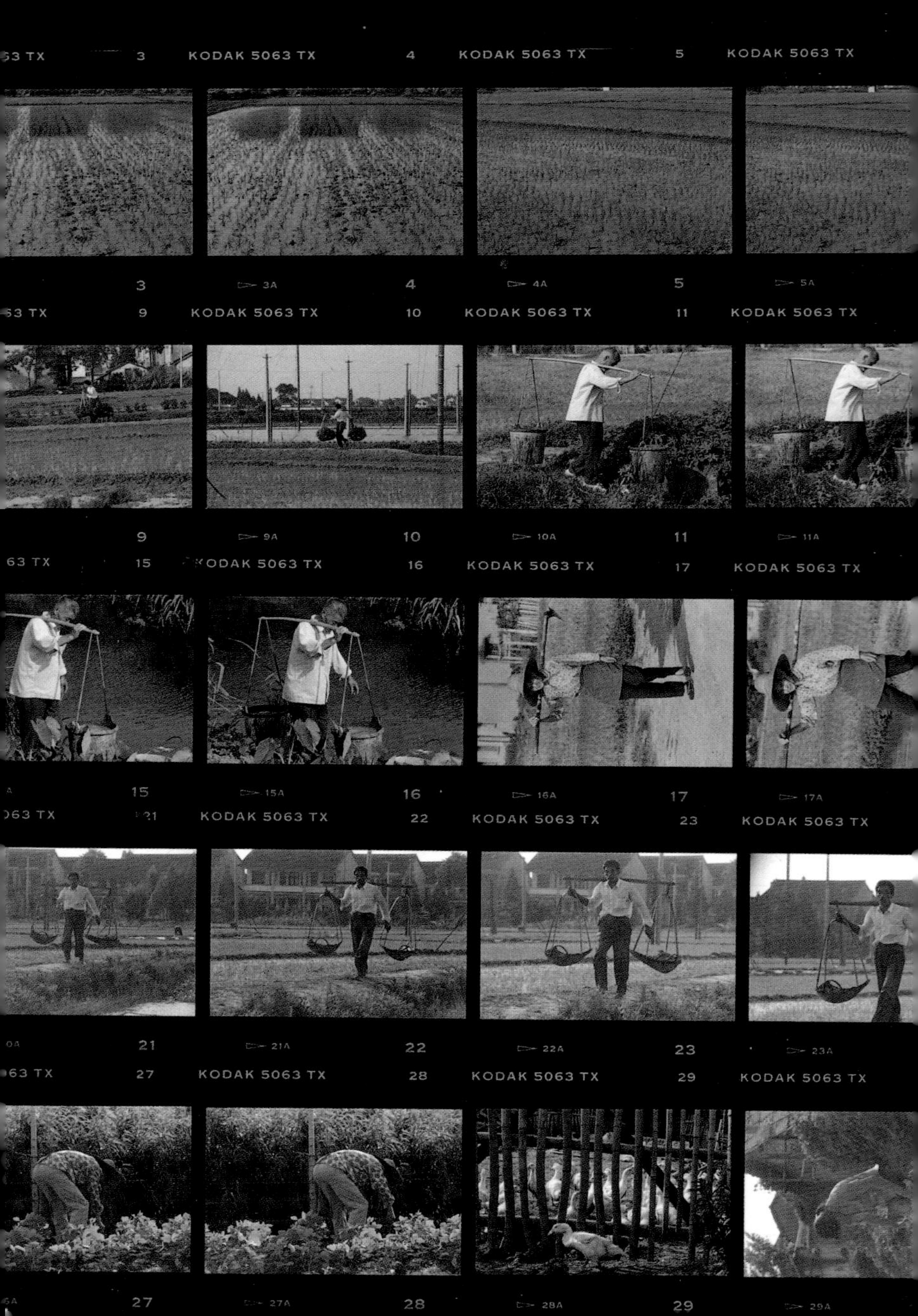